Excelsior

MAGISTERIO

Araya, Domingo, 1949-
Filosofía para vivir mejor : los más bellos textos para
reflexionar / Domingo Araya. — Bogotá : Cooperativa
Editorial Magisterio, 2005.
170 p. ; 24 cm. — (Excelsior)
1. Espiritualidad 2. Amor 3. Alma 4. Dios I. Tít. II. Serie
291.4 cd 20 ed.
AJB9445

Filosofía para vivir mejor

Los más bellos textos para reflexionar

Domingo Araya

Excelsior

MAGISTERIO

Colección EXCELSIOR

FILOSOFÍA PARA VIVIR MEJOR
Los más bellos textos para reflexionar

Autor
©   *DOMINGO ARAYA*

Libro ISBN 978-958-20-0811-6

Primera edición: Año 2005.
Segunda edición: Año 2006.
Tercera edición: Año 2016.
Reimpresión: Año 2018.

©   *COOPERATIVA EDITORIAL MAGISTERIO*
Diagonal 36 Bis No. 20-70 PBX: 3383605-06
Bogotá, D.C. Colombia
www.magisterio.com.co

Dirección General
ALFREDO AYARZA BASTIDAS

Contenido

Presentación

Este libro es el fruto de toda una vida de búsqueda, de inquietudes, de experiencias, de encuentros, de una vida filosófica, de amor al saber.

Desde que tengo recuerdos, me veo buscando respuestas a las preguntas fundamentales, las filosóficas. Uno de los sueños más antiguos que tengo en la memoria se refería a un llavero que abría todas las puertas, cuando iba a utilizarlo, desperté; lo busqué con ansiedad entre las sábanas, sin encontrarlo, claro. Pero lo he seguido buscando toda la vida.

Muy joven me fui de viaje y leía en las cubiertas de barcos, en trenes, en parques o en bibliotecas públicas que encontraba en mis vagabundeos. Conocí a muchos seres humanos sencillos que me enseñaron algo sin pretenderlo.

A lo largo de todos esos años juveniles no dejé de interrogarme, de leer y de buscar por todos los medios el sentido de lo que me preocupaba. Me inquietaba lo que a casi todos los humanos: el sentido de la vida y de la muerte, el amor, la trascendencia, la libertad, cómo debemos vivir para ser felices, cómo podemos educar nuestro carácter, el porqué del sufrimiento y del mal, adquirir una cosmovisión...

Los múltiples oficios y entre ellos el docente me aportaron indicaciones importantes sobre mi búsqueda. Muchos alumnos han sido grandes amigos y después mis maestros.

Como a todos los humanos, el sufrimiento no me ha faltado y, finalmente, me ha ayudado a comprender y a crecer. Nada me parece que haya sido inútil ni insignificante, ni siquiera los múltiples fracasos.

Hoy ofrezco a los lectores un libro de encuentros. Los textos que presento y comento aquí son aquellos que me han enseñado algunas claves para penetrar en el misterio insondable que nos envuelve y constituye. Tratan los temas que más arriba he indicado y que son comunes a todos los humanos y pueden servirnos como faros en la noche.

He procurado ponerlos al alcance de todos, de cualquiera que, sin especial preparación, tenga las inquietudes propias de todo ser humano. Todos los temas sirven para vivir mejor. Los autores son variados y cubren todas las épocas de la historia de la filosofía occidental. Es el libro que me hubiera gustado leer a los quince años, un compendio de los mejores textos, de los más útiles para vivir. Podría también servir a niños menores con aptitudes filosóficas o para todos si son guiados por un buen maestro. Además, es un libro fácil para leer durante un viaje, o en un autobús rumbo al trabajo. También para leerlo antes de dormir o después de comer, en torno a la mesa familiar.

Después de un breve comentario a cada texto he puesto algunas preguntas para reflexionar y actividades para realizar. Éstas pueden servir al lector y también al docente para trabajarlas con sus jóvenes alumnos.

Es un libro sereno y apasionado a la vez. La fuerza que me llevó a recorrer ciudades lejanas y la sobria lucidez del pensamiento filosófico se dan aquí la mano.

El amor está en todas sus páginas, el mismo que me ha impulsado a cruzar océanos una y otra vez. También la gratitud por todo lo que me ha sido regalado, por cada uno de estos encuentros.

¿Qué nos dice Tales sobre Dios y el mundo?

 ales dice que *Dios es la inteligencia del mundo y que el todo es animado y está a la vez lleno de dioses y que una fuerza divina penetra lo húmedo elemental y lo mueve.* (R.P. 14, en *Marías, J.: La filosofía en sus textos,* vol. 1, ed. Labor, S.A., Barcelona, 1963, p. 22).

Comprensión

En este texto del primer filósofo griego se nos dice que Dios es la inteligencia del mundo, es decir, el pensamiento. Nosotros, los humanos, en la medida en que pensamos, formaríamos parte de la divinidad. La filosofía, como ejercicio del pensamiento, también sería algo divino.

Si Dios es el pensamiento del mundo y el pensamiento es algo que se da a través de los humanos, de la historia, quiere decir que Dios se va haciendo en nuestro pensamiento, en la medida en que pensemos.

Dice también que "el todo es animado", es decir que el universo, todo cuanto hay, tiene vida, que la vida es parte del mundo y el pensamiento parte de la vida.

Cuando nos dice que "todo está lleno de dioses" quiere decir que lo divino no está en otro mundo, sino aquí, en el único mundo existente.

La fuerza divina mueve la materia, "lo húmedo elemental". Para comprender este pensamiento imaginemos el cuerpo humano, el propio cuerpo. Hay algo material, que podemos tocar y sentir y tenemos un pensamiento con el que estamos ahora reflexionando. Ese pensamiento sale del cuerpo, como resultado de su compleja organización. En nosotros, cuerpo y pensamiento están entrelazados y no se les puede separar. Ahora veamos el mundo entero como un cuerpo y el pensamiento como el producto de su organización. Nosotros seríamos el lugar donde el mundo se piensa a sí mismo.

Imaginemos al sabio Tales en las costas de Jonia, sobre el fondo de un mar esmeralda o contemplando el cielo estrellado en las límpidas noches de Grecia. También podemos visualizarlo en la plaza pública de Mileto conversando con sus conciudadanos. No olvidemos que la filosofía nació junto a la democracia que, aunque imperfecta, permitió a los griegos discutir y pensar con libertad.

Dicen que Tales se cayó a un pozo por mirar las estrellas, pero que gracias a sus observaciones pudo predecir una estación seca; esta predicción le llevó a guardar provisiones y a paliar los efectos de una mala cosecha. Estas anécdotas quieren mostrar, por un lado, la aparente inutilidad de la filosofía y, por otro, su gran eficacia incluso en asuntos prácticos. Es filósofo el que sabe vivir bien, el que mejor capacitado está para ser feliz y para afrontar las adversidades.

El primer filósofo fue lacónico, pero dijo algo fundamental que después otros han repetido: que lo múltiple y cambiante se reduce a algo uno e inmóvil. El nombre de ese origen no importa, sino la preocupación.

Pensando y haciendo

1) Haz un dibujo donde se vea el mundo y Dios.

2) Escribe una redacción comparando el mundo y Dios y el cuerpo humano y el pensamiento.

3) ¿Qué otras posibilidades hay de entender la relación entre estas realidades? Explícalas y haz dibujos de las mismas.

4) Si Dios es parte del mundo y de nosotros mismos, ¿qué consecuencias podemos derivar?

¿Qué nos dice Heráclito sobre todas las cosas?

ice Heráclito: *Prestando oídos no a mí sino a la palabra (de las cosas), es sabio declarar unánimemente que todas las cosas son uno.* (R.P. 40, en *Marías*, vol. 1, op. cit. p. 26).

Comprensión

"No a mí" porque nosotros los humanos no lo sabemos todo, sino muy poco e imperfectamente, con grandes dificultades, "sino a la palabra (de las cosas)", es decir a la razón que piensa en las cosas y que descubre que en ellas hay una razón de ser, un sentido.

Yo, como individuo, tengo parte en la razón, que es mucho más amplia que yo y, por eso, debo escuchar esa razón que me rebasa. Es como si yo fuera una gota del oceáno que es la razón.

La razón le dice a Heráclito que "todas las cosas son uno", es decir que la infinita multiplicidad de los seres individuales forman parte de un todo-uno. Volvamos a la comparación con el mar y las gotas: todas las diferentes gotas son partes del agua, que es una.

Ese principio unificador podemos entenderlo como materia, espíritu o ambas cosas juntas. Los nombres que se le dan a ese todo-uno son: agua, cuatro elementos, infinito, Dios, inteligencia, átomos, materia y forma...

Heráclito le llamó "Razón" y también "Fuego". Razón es algo espiritual y fuego algo material, pero también pueden ser algo que incluye ambos sentidos, algo anterior a esa división entre lo material y lo espiritual. El fuego puede ser un símbolo de la energía que es material y espiritual a la vez. Podríamos pensar la realidad última, el substrato de todo, como algo más completo que la materia y que el espíritu separados, como algo unificado.

Este mismo pensador habló de la "unidad y lucha de contrarios", es decir que todo incluye su opuesto pero que ambos forman una unidad. Así, vida y muerte, siendo contrapuestas, son inseparables, como el día y la noche.

Los opuestos generan una inestabilidad que hace que todo cambie, como un río o como el fuego. El día se va haciendo noche y la noche día. Quien nace empieza a morir, pues vida y muerte van siempre juntas. No es posible vivir siempre.

Para Heráclito el todo-uno que unifica todas las cosas es cambiante, es tiempo. Es, nos dice, "fuego siempre vivo, que se enciende según medidas y se apaga según medidas". Si se enciende y apaga alternadamente hay ciclos regidos y ordenados por la Razón, como una rueda que gira. La Razón permanece tras los cambios y por esto Heráclito se contradice, pero para este pensador hay que aceptar la contradicción en el pensamiento porque también está en lo real.

Le llamaban "el Oscuro" por su escritura enigmática y cuentan que unos turistas lo visitaron en su casa de Éfeso y lo encontraron calentándose cerca de una estufa. Al ver la cara de decepción de los visitantes, les dijo. "Aquí también hay dioses". Quiso decirles que en lo más sencillo y cotidiano está lo más profundo e importante, siempre que sepamos descubrirlo. El filósofo es aquel que se asombra de todo y que con su mirada infantil revela el prodigio que hay en todo.

El fuego y el río como símbolos del todo nos hacen pensar en algo vivo y dinámico, en una energía en perpetuo movimiento.

Pensando y haciendo

1)   Dibuja la visión de Heráclito.

2)   Si todas las cosas se reducen a una, ¿cuál es esa realidad fundamental?

3)   El uno primordial, ¿es material o espiritual?

4)   ¿Cómo imaginas el uno anterior a la división en materia y espíritu?

5)   Si el uno contiene los opuestos, entonces ¿es uno o dos?

¿Qué nos dice Heráclito sobre la mirada de Dios?

ice Heráclito: *Para Dios, todas las cosas son hermosas y buenas y justas; pero los hombres consideran unas cosas injustas y otras justas.* (R.P. 45, en *Marías*, vol. 1, op. cit. p. 26).

Comprensión

Este pensamiento se refiere a cómo valoramos las cosas los humanos y cómo lo hace Dios. Para Dios, todo es hermoso, bueno y justo, mientras que para nosotros no. Tal vez sea esto así porque Él conoce las razones últimas de todo, mientras que nosotros apenas conocemos una parte.

Dios, que es una mente infinita, conoce todo y sabe el porqué de todo. Nosotros, seres imperfectos y limitados no comprendemos casi nada. Esta falta de comprensión hace que nos parezcan feas, malas e injustas algunas cosas o hechos.

Este pensamiento supone que hay un orden en el mundo y que para el conjunto es necesario que haya cosas que nos parecen feas o injustas. Es como en un cuadro, donde hay partes oscuras que permiten que brillen las luces. Nosotros vemos, a veces, sólo una zona negra y nos parece fea e incomprensible. Dios, en cambio, ve el conjunto y entiende porqué es así.

Si todo es perfecto, el mal es una ilusión nuestra. Es algo que no comprendemos pero que tiene que ser así. Pero si esto fuera así, todos los actos humanos serían igualmente valiosos, no habría libertad, ni mérito ni culpa. O quizás se refiere a todo aquello que no depende de las elecciones humanas y que en éstas sí hay bien y mal, entre otras cosas porque son hechas por los humanos.

Es difícil comprender el mal si es que el mundo es obra de un Dios bueno, pero la creación de un mundo con libertad incluía la posibilidad del mal y del error. Un mundo con libertad es el mejor de los mundos, aunque haya mal. El mal es la otra cara de la libertad.

Dios es para Heráclito la Razón que todo lo comprende y es parte del mundo, lo que rige el tiempo y, al parecer, lo que justifica todo.

Sin embargo, para nuestra razón hay tantas cosas injustificables, por ejemplo el sufrimiento de los niños inocentes. Nosotros no podemos dejar de valorar, de elogiar y condenar y es un consuelo pensar que para la Razón todo está bien.

Nietzsche dijo que Heráclito había "levantado el telón del ser", es decir que fue el primer pensador en revelar el mundo tal como es, como un proceso movido por el juego de los opuestos; también sostuvo que hay una ley tras los cambios, el *Logos* que todo lo envuelve.

Este pensador amigo de enigmas nos invita a filosofar siempre y a pesar de que el destino del ser humano es buscar sin hallar la respuesta definitiva de lo que busca. Su pensamiento es dialéctico pues no rechaza las contradicciones, las aporías y el movimiento, sino que las aprovecha para pensar más creativamente.

Heráclito representa una línea de pensamiento amigo de lo vital, para lo cual tuvo que inventar una lógica dialéctica o histórica opuesta a la de Parménides. Por esto, los estudiantes de París durante la revuelta de mayo del 68 escribieron en las paredes una frase que decía: "Heráclito, sí; Parménides, no".

Pensando y haciendo

1)	¿Cómo verá el mundo una Razón infinita? Descríbelo.

2)	¿Cómo entender la existencia del mal?

3)	Da ejemplos de cosas que te parezcan injustificables?

4)	¿Por qué un mundo con libertad y mal es mejor que otro sin ellos?

5)	¿Por qué algo nos parece bueno y algo malo?

6)	¿Qué sentido tiene el sufrimiento en la vida humana?

¿Qué nos dice Parménides sobre el ser y el no ser?

ice Parménides: *Pues bien, yo te diré –y tú retén mi palabra después de haberla oído– los únicos caminos de investigación en que se puede pensar: el uno que es, y que no es posible que no sea, es la senda de la Persuasión (pues la verdad es su compañera); el otro, que no es y que es necesario que no sea. Éste, yo te declaro que es un sendero absolutamente desconocido, porque no podrías conocer lo que no es (es imposible), ni expresarlo.* (R.P. 114, en *Marías*, vol. 1, op. cit. p. 30).

Comprensión

Aquí, el sabio de Elea distingue dos vías, una, la de la verdad, y otra, la del error. Hay un pensamiento correcto y es el que se rige por el principio de no contradicción, es decir que no admite que algo sea y no sea al mismo tiempo y en el mismo sentido. En cambio, el pensamiento incorrecto piensa que es posible decir que algo es y no es, admite la contradicción.

Si el no ser es imposible, entonces no puede haber movimiento o cambio, puesto que cambiar es no ser algo para llegar a serlo. Si no hay cambio, todo está quieto y, por lo mismo, el aparente cambio es ilusorio, falso. De aquí se deduce que todo el cambiante mundo es aparente, inexistente, irreal y que lo único real es inmutable, sin cambio.

Esta negación del mundo es la conclusión de un pensamiento que no admite la contradicción, por lo cual habrá que admitirla si queremos salvar el mundo. Este pensador niega el mundo desde su forma de razonar, la lógica analítica. Esta no es la única forma de pensar posible, hay muchas otras maneras de unir los pensamientos y de sacar conclusiones.

No hay dos caminos, hay muchos, y para llegar a captar el mundo, el ser humano y la vida, lo real, la lógica analítica no es el mejor. El modo de pensar que acepta la contradicción, que dice que algo es y no es en el mismo sentido, se llama dialéctica. Por ejemplo, podemos decir que una persona, un animal o una planta viven y mueren al mismo tiempo, puesto que están viviendo y muriendo.

El pensamiento de Parménides es algo rígido, muy distinto al de Heráclito, en muchos sentidos son opuestos y, sin embargo, ambos tienen algo de verdadero. Esto nos hace decir que la verdad no es una y excluyente, sino un proceso abierto de construcción humana.

Este pensador fue tan racionalista que prefirió negar la evidencia de los sentidos de que hay movimiento a contradecir dos principios lógicos básicos, el de identidad y el de no contradicción. Por eso representa el modo idealista y lógico de pensar.

Este filósofo fue también astrónomo y observó las fases de la luna. Del mismo modo a como la luna no cambia su forma a pesar de que así nos lo parece, el ser eterno no se mueve a pesar de que nuestros sentidos creen que sí. Vida y muerte, infancia y vejez, no son más que apariencias sensibles. La verdad es la que nos dice la razón: todo permanece en un eterno presente.

Este filósofo racionalista representa una línea conservadora, pues en su mundo no hay vida ni movimiento, sólo una inmensa esfera inmóvil. Su lógica analítica dará origen a la ciencia, en la que hemos nacido y sido formados. Pero la vida humana necesita una razón más compleja para poder comprenderla.

Pensando y haciendo

1) ¿Cuáles son los dos caminos señalados por Parménides? Exprésalos con tus palabras y da ejemplos.

2) ¿Por qué este pensador acepta sólo uno de los dos caminos como verdadero?

3) ¿Por qué niega el no ser, cuál es su argumentación?

4) ¿Qué otros caminos de pensamiento se te ocurren, además del analítico y del dialéctico?

5) Relaciona el pensamiento de Parménides y el de Heráclito.

¿Qué nos dice Empédocles sobre el Amor y el Odio?

 mpédocles dice: *Esta lucha del Amor y la Discordia se manifiesta en la masa de los miembros mortales; unas veces se reúnen en uno, a impulsos del Amor, en la flor de la vida, todos los miembros que han obtenido por la suerte un cuerpo; otras, separados por malas discordias, andan errantes, aislados, cada uno de por sí, por el rompeolas de la vida.* (En *Marías*, vol. 1, op. cit. p. 35).

Comprensión

Este pensador nos dice que los seres vivos son la reunión de muchas partes o células y que esa unión se llama Amor. Por el contrario, cuando un ser vivo, planta, animal o humano, muere, sus partes se separan y eso lo hace lo contrario del Amor, la Discordia.

Amor y Discordia son dos fuerzas opuestas que operan en el mundo, reuniendo o separando. También podemos llamarlas vida y muerte. Estas dos fuerza están juntas, pero hay momento en los que una es más fuerte que la otra.

Podría ser que hubiera un ciclo cósmico en el que se alternarían estas dos fuerzas. Cuando le toca a Amor, surgen civilizaciones prósperas y hay paz; cuando tiene su turno Discordia, lo contrario, hay guerras y destrucción.

En la vida del ser humano también habría momentos de Amor, de plena vitalidad y creatividad, marcados por la felicidad y otros de Discordia, de enfermedad, de debilidad, de separación y odio, marcados por la tristeza.

El ciclo es una rueda que nunca acaba de girar y por lo mismo jamás se daría la definitiva muerte, ni la definitiva vida. Nunca, en ningún ser, puede darse la total vida ni la total muerte. Están siempre juntas, como las caras de una moneda, que no se las puede separar.

Tal vez los humanos, provistos de voluntad libre, podríamos hacer algo para que aumentara el poder de Amor o de Discordia. En el primer caso contribuiríamos con nuestros actos a que haya más amor y vida; en el segundo, a lo contrario, a que aumente la muerte.

Los humanos podríamos ser agentes de una de las dos fuerzas o de ambas alternadamente. Por ejemplo, si alguien ayuda generosamente a otro, el amor surge y aumenta; si odiamos, entonces aparece la destrucción.

Amor es mejor que Discordia porque bajo su mandato somos felices, mientras que bajo Discordia sufrimos y nos entristecemos.

Amor y odio, vida y muerte, he aquí los protagonistas principales de la tragedia de existir. Ambos son necesarios y no debemos preferir a uno sobre el otro, pues son como las dos caras de una única moneda. Si no fuera así, todo sería igual y no pasaría nada. Si no hubiera sombras, tampoco veríamos las luces que definen las figuras.

Estas fuerzas cósmicas de unión y destrucción también estarían presentes en el ser humano y será Freud quien las descubrirá. El creador del psicoanálisis dirá que Eros y Tanatos están en el corazón humano y que luchan por imponerse.

Pensando y haciendo

1) Dibuja estas dos fuerzas que rigen, según Empédocles, el mundo.

2) ¿Te gustaría que una de estas dos fuerzas venciera a la otra? Da razones a tu respuesta.

3) ¿Crees que el ser humano puede contribuir al desarrollo de una de estas fuerzas? ¿Cómo? Da ejemplos concretos.

4) Imagina un mundo en el que la muerte no existiera y describe qué pasaría en él.

¿Qué nos dice Platón en el mito de la caverna?

latón nos dice en el *Libro VII de República: Imagínate la naturaleza del hombre, por lo que se refiere a la educación o a su ineducación mediante el siguiente experimento: representémonos unos hombres en una habitación subterránea en forma de caverna, con un gran acceso practicado en toda su extensión por donde penetra la luz exterior. Se encuentran allí desde niños, encadenados por el cuello y los pies, de tal manera que han de permanecer inmóviles en el mismo sitio, mirando siempre hacia delante y sin poder girar la cabeza a causa de sus cadenas. Lejos de estos hombres y a su espalda, brilla el resplandor de un fuego encendido sobre una eminencia del terreno, y entre el fuego y los hombres encadenados hay un camino alto, a lo largo del cual debes imaginarte un muro semejante a las barreras que los ilusionistas levantan delante de sus espectadores y por encima de las cuales muestran sus pretidigitaciones (...) Piensa ahora que a lo largo de este muro pasan hombres llevando cachivaches de todas clases y estatuillas de hombres y de animales, de piedra y de madera y de toda clase de sombras, de tal manera que sobrepasan la altura de la tapia. Y como es natural que ocurra, entre los hombres que pasan unos van hablando y otros van en silencio (...) ¿Crees tú que unos hombres así han podido contemplar de ellos mismos y de los que están a su lado otra cosa que las sombras proyectadas por el fuego sobre el lado de la caverna que está frente a ellos?... ¿no piensas que ellos creerían nombrar las cosas mismas nombrando lo que ven? (...) ¿de quién pensarían estos hombres cautivos que procede la voz sino de las mismas sombras oscilantes?* (En *Marías*, vol. 1, op. cit. p. 44).

Comprensión

En este célebre pasaje, Platón nos da una imagen alegórica de la situación del ser humano. En ella se ve que vive en la ignorancia, en un mundo ilusorio y falso, como en el fondo de una caverna. Las cosas que vemos tal vez no son así como las vemos, son falsas imágenes que nos hacemos de las cosas.

El hombre educado, con conocimiento, ve de otra manera el mundo. Lo que vemos y llamamos "realidad" es como las sombras de la caverna platónica.

El relato platónico simboliza nuestra condición de ignorancia y de la posible liberación. Nos dice que si alguien saliera bruscamente a la luz del día, no vería nada y, peor aún, sentiría dolor, querría regresar al fondo oscuro donde está acostumbrado a estar. Si un guía le intentara convencer de esa situación, se rebelaría y podría llegar a agredirle. Sólo un largo y difícil proceso educativo le permitiría acceder al mundo verdadero, al que está fuera de la caverna.

La verdadera educación no es la que se imparte en las escuelas, sino una enseñanza hoy casi desconocida, pero que algunos pocos maestros conservan y transmiten. No tiene tanto que ver con los conocimientos intelectuales como con un desarrollo integral y armónico, de todos los aspectos de la persona, físicos, emocionales, intelectuales y espirituales.

Estamos tan acostumbrados a vivir en el fondo oscuro de una caverna que la luz de la verdad nos irrita. Si alguien nos quiere liberar nos hace sufrir y por eso odiamos, rechazamos y agredimos a los grandes maestros. No queremos abandonar nuestras cadenas y nuestros sufrimientos.

Pensando y haciendo

1)   Dibuja lo que Platón describe en el texto.

2)   Relata lo que pasaría en caso de que uno de los esclavos saliera y regresara a salvar a sus compañeros.

3)   ¿Cómo se te ocurre que es la realidad auténtica?

4)   ¿En qué consistirá esa enseñanza desconocida que nos puede liberar de la caverna?

5)   Da ejemplos históricos de libertadores espirituales de la humanidad y describe sus mensajes.

6)   Dramatiza con tus compañeros lo que pasa en la caverna y lo que sucedería al salir.

7)   Describe cómo te imaginas un ser humano desarrollado armónica e integralmente.

¿Qué nos dice Platón sobre el amor?

 os dice Platón por boca de Diotima, una mujer de Mantinea, en *Banquete*, que: *El Amor es un gran demonio, y todo lo demoníaco se encuentra, efectivamente, entre el dios y el hombre mortal y que su poder consiste en que interpreta y transmite a los dioses lo que procede de los hombres, y a los hombres lo que procede de los dioses: de aquéllos, las súplicas y los sacrificios; de éstos, las órdenes y las recompensas en pago de los sacrificios, y, como se halla en una posición intermedia, llena enteramente el vacío, de tal manera que es el vínculo que une el todo al todo.* (En *Marías*, vol.1, op. cit. p. 50).

Comprensión

Platón es el filósofo del amor y sostiene que el amor no es mortal ni inmortal, o sea que muere y renace muchas veces. A ese ser le llama, ni dios ni humano, demoníaco, pues los demonios tienen esa condición.

Este demonio pone en contacto ámbitos distintos, normalmente separados. Esto lo comprendemos así: es el amor el que nos lleva a los humanos a entablar comunicación con seres tan diferentes como son los dioses. Por el amor los humanos se abren a mundos misteriosos a los que dedican sacrificios y ruegos y reciben a cambio "órdenes y recompensas". Sin el amor nada sabríamos de estos mundos distintos que permiten la adivinación y otras artes.

El amor mueve a los humanos a buscar la verdad y ese amor se llama filosofía. También el amor es el que une a los humanos entre sí para que formen ciudades y naciones y no permanezcan aislados. No es posible entender la existencia humana sin el amor.

Para Platón, el amor es más importante que la razón, pues a la idea máxima del Bien se llega por el amor. Su pensamiento culmina en una mística, es decir, en algo incomprensible para la razón.

La concepción platónica del amor como deseo de lo que nos falta ha determinado a nuestra cultura. Si siempre amamos lo que no tenemos, nunca conseguimos una plena satisfacción y, por lo mismo, estamos condenados a sufrir. El amor platónico no nos satisface jamás.

La muerte está en el corazón de esta idea del amor, lo mismo que la esperanza y el temor. La otra posibilidad es que amemos, no lo que nos falta, sino lo que tenemos delante y nos llena de alegría. Esta forma no platónica del amor es la que nos propondrá Spinoza más adelante.

Es interesante que para Platón es el mismo amor el que va desde el amor corporal hasta el amor a Dios. Es la misma energía que nos mueve del no-ser al ser. Es el mismo dios pero transformado, sublimado.

Platón fue el filósofo más grande de todos los tiempos. Durante su larga vida llegó a autocriticarse, a refutar sus propias teorías, lo que prueba su grandeza y su osadía. Por pretender poner en práctica sus ideas políticas fue vendido como esclavo y fue salvado por un amigo que lo compró. Viajó mucho y su obra es una de las más bellas jamás escrita. Fue un gran matemático y en sus últimos años sus reflexiones eran sobre la unidad. Su máxima idea, la del Bien, la Belleza y la Bondad, el Uno trascendente, es una genial intuición y anticipación de las ideas cristianas.

Pensando y haciendo

1) ¿Por qué crees tú que Platón pone en boca de una mujer su explicación sobre el amor?

2) Relaciona lo que decía Empédocles y lo que dice Platón sobre el amor.

3) ¿Piensas tú que los dioses existen fuera de la imaginación humana?

4) Distingue, de acuerdo al pensamiento de Platón, entre un humano, un genio y un dios y di por qué el Amor es un genio o demonio.

5) Busca alguna pintura en la que aparezca Amor. Describelo.

¿Cómo imagina Platón que nació Amor?

obre el nacimiento de Amor, Platón nos cuenta en *Banquete* el siguiente cuento: *Cuando nació Afrodita, has de saber que los dioses celebraron un banquete. Entre ello se encontraba el hijo de Metis, Poro. Cuando se terminó la comida, llegó Penia con la intención de mendigar, pues el banquete había sido opíparo, y se quedó junto a la puerta. Entonces Poro, que se había embriagado de néctar (pues aún no existía el vino), habiendo penetrado en el jardín de Zeus, se durmió allí bajo el peso de la borrachera. Penia, por su parte, considerando su natural penuria, se propuso tener un hijo de Poro, y reclinándose junto a él, dio a luz al Amor. He aquí, pues, la explicación de por qué el Amor forma parte del cortejo de Afrodita y es sirviente suyo; nació cuando se celebraba el nacimiento de Afrodita; por inclinación natural siente amor por la belleza, y Afrodita es hermosa. Por consiguiente, siendo, como es, hijo de Poro y de Penia, su vida es ésta: en primer lugar es pobre y le falta mucho para ser delicado y hermoso como se lo figuran las gentes. Es más bien rudo, miserable, va con los pies descalzos, no tiene donde guarecerse. Y como no tiene lecho tampoco, duerme siempre en el suelo, recostado en las puertas o en los caminos, bajo las estrellas. Ha heredado la naturaleza de su madre y tiene también su parte en la indigencia. Pero por su filiación paterna, siente la comezón de la intriga y de la asechanza ante las cosas buenas y bellas, es varonil, atrevido y vehemente; siempre hábil cazador, urde continuas trazas, tiene la pasión de la inteligencia y es ingenioso para salir de todas las dificultades. Se pasa la vida filosofando, es un terrible impostor, hechicero, además, y sofista.* (En *Marías*, vol. 1, op. cit. p. 50).

Comprensión

A través de este mito Platón nos quiere decir muchas ideas sobre el amor. El mito es como un cuento, lleno de símbolos que expresan mucho más que los conceptos.

Afrodita es la diosa de la belleza y es en su nombre que se hace la fiesta en la que Amor será engendrado. Esto significa que donde hay amor hay belleza.

Metis es el dios de la prudencia o astucia, lo que significa que el amor tiene que ver con estas dos virtudes, pues el amor se las ingenia y crea estrategias para conseguir lo que desea. Poro, su hijo, es el recurso, el ingenio, y es muy hábil para tramar ardides, por lo que el amor tendrá esta habilidad. Penia, la madre de Amor, en cambio, es la penuria o indigencia, pobre en todo y por lo mismo, hambrienta, ávida de todo.

Si desciframos cada símbolo, nos damos cuenta de que para Platón, el amor no es rico ni pobre, sabio ni ignorante, mortal ni inmortal, bello ni feo, es decir, es un ser intermedio, en tensión entre estos opuestos, oscilando siempre entre los mismos.

Amor es filósofo, siempre sediento de lo que le falta, jamás satisfecho del todo, buscando lo que no posee, aquello de lo que carece. Se desea aquello de lo que estamos privados y que no poseemos, por lo que el amor será siempre tensión e insatisfacción.

Los mitos a los que este pensador recurre para comprender los asuntos más difíciles y para los que no tiene conceptos claros están llenos de símbolos. Los símbolos, a diferencia de los conceptos, son más imprecisos y más ricos en significación. Requieren de un constante proceso de interpretación.

Pensando y haciendo

1)   Pinta el mito del nacimiento de Eros.

2)   Dramatiza con tus compañeros este relato.

3)   Descifra e interpreta cada uno de los símbolos presentes en este mito.

4)   Escribe un ensayo filosófico sobre el amor basándote en el mito de Platón.

5)   Da ejemplos de tu vida en los que se vea la verdad de este mito sobre el amor.

6)   ¿Habrá otra forma de concebir el amor? ¿Cuál?

7)   Imagina un mito para esta forma diferente de concebir el amor.

¿Qué piensa Platón de la generación?

os dice Platón en *Banquete*, por boca de Diotima: *Todos los hombres, Sócrates, conciben, tanto por lo que hace al cuerpo como por lo que hace al alma, y cuando llegan a una cierta edad, su naturaleza les impulsa ardientemente a engendrar. Pero no pueden engendrar en lo feo, ha de ser en lo bello. La unión del hombre y de la mujer es un acto de generación. Pero este acto es de naturaleza divina, y por eso en el ser vivo sujeto a la muerte hay algo inmortal: la procreación y el nacimiento. Ahora bien, este algo inmortal no puede hallarse en lo discordante. Discordante con todo lo divino es lo feo, así como lo bello es concordancia. Por consiguiente, la Belleza asiste a los nacimientos en el papel de Moira y de Ilithya. Así se explica que al acercarse lo que es germen fecundo a la proximidad de algo hermoso, se ponga alegre y se derrame en gozo, engendre y dé a luz.* (En *Marías*, vol. 1, op. cit. p. 52).

Comprensión

Nos dice Platón que el amor quiere engendrar en la belleza. Esto se debe a que el amor nunca consigue la total satisfacción, pues carece de lo que desea y desea lo que le falta. Como el amor nunca se colma, es una mezcla de alegría y de dolor.

Los humanos somos mortales, pero anhelamos amar para siempre y si bien no podemos conseguirlo plenamente, lo hacemos de modo vicario: engendrando, sea según el cuerpo o según el espíritu. Esa es nuestra manera de participar en la inmortalidad. A través de los hijos o de las obras de arte nos salvamos de la muerte total.

Tanto la procreación de hijos carnales como la de obras espirituales se hace en la belleza y produce alegría. Todo esto lo hace el amor que anhela lo que le falta, la inmortalidad. Amor, muerte y vida están estrechamente entrelazados y están siempre acompañados.

Platón encuentra otra salida: el amor a la Belleza en sí, a Dios. Esta es una manera mística de solucionar la interrupción que la muerte produce al amor.

El amor es el que soluciona la muerte de los individuos, pues si no moriríamos y se extinguiría a especie. El amor nos lleva a engendrar y nos pone el acicate de la belleza y del placer. El amor sexual se encarga de la reproducción, sin la cual la vida no podría triunfar sobre la muerte.

También hay formas sublimadas de procreación, a través del arte o de la ciencia y siempre en la belleza y en el placer que ésta produce. Lo bello germina porque ha sido previamente fecundado, mientras los individuos mueren.

Toca aquí el gran pensador uno de los temas más interesantes de la reflexión filosófica y si bien no aclara del todo el enigma de la vida y de la muerte, sí consigue aproximarse a su misterio del modo más adecuado, es decir, sin pretender dilucidarlo definitivamente.

Hijos carnales y espirituales engendrados en la belleza y el placer tienen como función sostener la Vida que nos rebasa y a la que debemos una incondicional veneración.

Pensando y haciendo

1)	¿Piensas que hay otra forma que no sea la del amor para conseguir la inmortalidad?

2)	¿Qué papel cumple la belleza en este proceso?

3)	¿Podemos cuestionar el valor de la Vida?

4)	¿Qué símbolos conoces de este fenómeno?

¿Cómo imagina Platón el alma?

obre el alma nos dice Platon en *Fedro: Para dar una imagen de ella y decir a lo que se parece, bastan las palabras menos complicadas de los hombres: diremos que el alma es como el grupo que forman un tronco de caballos alados y el hombre que los guía. Los corceles y los conductores de las almas divinas son todos excelentes y de noble estirpe; pero los de las almas restantes poseen una doble naturaleza. El conductor que hay en nosotros lleva las riendas, pero de los dos caballos hay uno que es bueno y hermoso y de pura sangre y otro que es todo lo contrario. Por fuerza tiene que ser difícil y arriesgado para nosotros conducir un tronco así... El caballo de mala calidad sube con pesadez, se inclina hacia la tierra y hace difícil la maniobra del cochero que no supo domarlo.* (En *Marías,* vol. 1, op. cit. pp. 56-57).

Comprensión

Describe aquí Platón, mediante una imagen, su idea del alma humana. Podemos interpretarla así: el conductor es quien comanda el carro, la parte superior del pensamiento, el espíritu; el caballo noble es la parte pasional que se somete al espíritu mientras que el caballo de mala calidad es la parte pasional que se rebela y va por su cuenta.

La personalidad humana posee una parte de impulsos enraizados en el cuerpo y que podemos llamar primaria. Son pulsiones egoístas, agresivas o que buscan el placer de modo inmediato. Esta parte corresponde al caballo indócil. Hay también una afectividad educada, sentimientos y emociones que persiguen el amor y la belleza. Podría ser el caballo noble. El intelecto superior, el espíritu o razón, sería el auriga o cochero.

Normalmente, debido a la falta de formación, es el caballo malo el que gobierna el carro; otras veces es el caballo noble, pero Platón piensa que es el cochero quien debe pilotar la nave. Es frecuente que unas veces sea uno y otras otro, dándose así un carácter veleidoso o inconstante.

Esta imagen simbólica de la conducta humana nos muestra con claridad la importancia de que las partes estén bien integradas y funcionen armoniosamente. De no ser así, cada parte tirará en una dirección opuesta y el carro no se moverá o bien dará vueltas a lo loco. Este caos corresponde a la anarquía en la sociedad, en la que reina la discordia y cada grupo persigue intereses diferentes y muchas veces contradictorios.

La buena educación procurará que todas las partes de la personalidad sean dirigidas por el espíritu superior, pues éste posee una visión más amplia y verdadera y puede orientar mejor la acción humana.

El espíritu superior no deberá, sin embargo, reprimir ni desconocer los derechos de las demás partes sino, por el contrario, integrarlas, comprenderlas y entablar un diálogo permanente con ellas. Incluso, todas las decisiones se tomarán de común acuerdo, por consenso.

Las pasiones no deben ser reprimidas ni mucho menos erradicadas, sino utilizadas en nuestro provecho: ese es el gran secreto de una buena educación sentimental. Sin caballos, el carro no se mueve; sin conductor, va al pairo. Hace falta que todos los elementos estén armonizados y que actúen en el mismo sentido.

Pensando y haciendo

1)   Haz un cuadro en el que se vea la imagen del alma según Platón.

2)   Dramatiza con tus compañeros la situación descrita por Platón.

3)   Descifra cada uno de los símbolos de esta imagen y explícalos con tus palabras.

4)   Intenta relacionar la imagen platónica con tu propia vida. Da ejemplos concretos.

5)   Describe una personalidad integrada y armónica en su comportamiento.

¿Qué piensa Platón de la muerte?

os dice Platón en su obra *Fedón* lo siguiente: *El filósofo auténtico en lo que se ejercita es en el morir y para nadie es menos temible la muerte. Si ha llegado a una total desavenencia con su cuerpo, si lo que desea es que su alma viva en sí misma, ¿te parece que al acercarse este momento está bien que se indigne o que se espante? ¿No sería una total inconsecuencia el no marchar alegre hacia aquel término en donde existe la esperanza, para los que llegan a él, de encontrar el objeto de que estaban enamorados mientras vivían, la sabiduría, y separarse del objeto que odiaban y que estaba íntimamente unido a ellos?* (En *Marías*, vol. 1, op. cit. p. 63).

Comprensión

En este párrafo, Platón nos dice que el filósofo es alguien que ama la sabiduría y que ésta se alcanza de modo pleno después de la muerte y que, por lo mismo, el filósofo no sólo no temerá a la muerte sino que la deseará.

Por esto mismo, decía este pensador que filosofar es aprender a morir. Quería decir que el verdadero filósofo no tiene sus ojos puestos en la vida y sus placeres, sino en el mundo de la verdad que, según él, hemos conocido antes de nacer, cuando el alma estaba en ese mundo puro de ideas.

Todo este pensamiento supone que el alma y el cuerpo son dos realidades distintas y que la primera es inmortal, que preexistía antes del nacimiento y que no se extinguirá después de la muerte corpórea.

Si aceptamos todas estas premisas o suposiciones se deriva por lógica lo restante, pero bien podemos poner en cuestión esos supuestos y entonces todo lo demás queda desmontado.

Platón representa una típica concepción dualista del ser humano, es decir, en la que alma y cuerpo son completamente separados y diferentes. Esta idea pasó después al cristianismo y es la que nos enseñaron en el catecismo. Por eso, casi no podemos entender las cosas de otra manera.

Sin embargo, frente al dualismo está el monismo materialista, que sólo reconoce la existencia del cuerpo y que concibe el alma como un producto del funcionamiento del cuerpo humano. Semejante a este planteamiento está el emergentismo que, relaciona lo físico y lo psíquico sin reducir lo uno a lo otro ni viceversa.

Una buena metáfora de esta idea emergentista sería la de una orquesta de varios instrumentos que interpreta una pieza musical. La música que oímos no puede reducirse a los movimientos y a los instrumentos, pero sin ellos no escucharíamos tampoco ninguna música. La música es como el pensamiento y la orquesta es el cuerpo humano, altamente complejo.

Otra buena metáfora es la de un abrigo colgado en un clavo y que muestra muchos pliegues. Los pliegues no son el clavo, pero no se darían sin él. Los pliegues son como los pensamientos y el clavo es el cerebro.

Saber pensar la relación alma-cuerpo nos puede servir para pensar la de Dios y el mundo. Tenemos que superar el dualismo y el reduccionismo. Esto nos exige pensar más allá de una lógica analítica.

Pensando y haciendo

1)   ¿Qué piensas de la idea platónica que dice que filosofar es aprender a morir?

2)   ¿En qué consistiría este aprender a morir?

3)   ¿No será más bien que debemos aprender a vivir?

4)   Cambia las premisas que Platón supone y deriva otras consecuencias.

5)   Define dualismo, monismo y emergentismo y argumenta a favor de la que más te convence.

6)   Explica y comenta las dos metáforas que hemos dado sobre la relación alma cuerpo.

7)   Busca alguna otra metáfora sobre este problema.

8)   Busca el cuadro de Louis David sobre la muerte de Sócrates y descríbelo.

¿Qué piensa Platón sobre el más allá?

latón en *Fedón* nos dice sobre lo que acontece al alma después de la muerte: *El alma penetra en el Hades sin llevar otra cosa consigo que la propia formación moral y su temple, y esto es lo que ha de ayudarnos más, según dicen, o perjudicarnos más desde el comienzo del viaje que hemos de emprender tras el morir. He aquí lo que sabemos por tradición: el espíritu o demonio que le ha sido adjudicado a cada hombre se encarga de conducirle cuando muere a un determinado lugar, y desde allí, que es donde se reúnen las almas para ser juzgadas, comienza el viaje al Hades bajo la dirección de aquel espíritu, el cual ha recibido el encargo de llevar a la última morada a los que salen de la tierra. Una vez que las almas han permanecido allí el tiempo que les corresponde, de acuerdo con la suerte que le ha cabido a cada una, un guía nuevo les conduce otra vez a la tierra, al cabo de largas y numerosas revoluciones del tiempo... Lo más probable es que los caminos sean muchos y que haya numerosas encrucijadas... Por consiguiente, el alma llena de sabiduría y de prudencia conoce su situación presente y se atiene a ella. Por el contrario, el alma que sigue demasiado las inclinaciones del cuerpo y que ha vivido mucho tiempo bajo el efecto de las pasio-*

nes, como he dicho antes, concentrando todo su interés en el cuerpo como en su centro visible, esta alma no se pone en camino, bajo la dirección del espíritu al que ha sido encomendada, sino ofreciendo mucha resistencia y oponiéndose con todas sus fuerzas a emprender el viaje. (En *Marías*, vol.1, op. cit. p. 65).

Comprensión

Aquí nos dice Platón lo que su tradición cultural creía sobre el destino de las almas después de la vida. Se basa pues en creencias, costumbres y sentimientos piadosos más que en reflexiones racionales. Algunas de estas creencias pasaron después al cristianismo y han llegado hasta nosotros.

Según esta concepción, el alma sobrevive al cuerpo y continúa su proceso de perfeccionamiento al que está destinada. Su situación en el más allá dependerá del comportamiento que haya tenido durante la vida. Será conducido por dos guías, uno hacia el Hades y otro de vuelta a la tierra. Aquí está implícita la idea de la reencarnación, que Platón comparte con los egipcios y los budistas.

También encontramos en este párrafo la idea de premio y castigo por la vida llevada. Quien se ha portado bien recibirá una vida más grata en el más allá; quien ha cometido crímenes, tendrá un camino de extravío y de rechazo de las otras almas.

Sobre estos temas nada podemos conocer con certeza y se trata sólo de creencias y supersticiones. También podría tratarse de símbolos que tendríamos que interpretar de modo racional. Por ejemplo el Hades o Cielo podría ser simplemente el estado de bienestar y de reconocimiento que sigue a las buenas acciones y el Infierno sería el extravío y pesadumbre que acompaña a las malas acciones.

Pensando y haciendo

1.   ¿Crees tú necesaria la creencia en el más allá?

2.   ¿Se modificaría la moral si no existiera un alma inmortal?

3.   Describe con ejemplos el Cielo y el Infierno dentro de la vida humana.

4.   ¿Piensas que la idea de premio y castigo es importante para tener un buen comportamiento o que no hace falta?

¿Qué entiende Aristóteles por géneros y especies?

ristóteles, en su *Compendio de la Lógica*, dice: *La definición consta de género y diferencias. Hay que separar, en efecto, el género de los demás, y la diferencia de cualquier otra cosa de las que pertenecen al mismo género. El que define bien debe definir mediante el género y las diferencias, pues éstas son absolutamente más cognoscibles que la forma y anteriores a ella... La definición verbal debe no sólo mostrar el* qué, *como lo hacen la mayor parte de las definiciones, sino también contener y manifestar la causa.* (En *Marías*, vol. 1, op. cit. pp. 100-101).

Comprensión

Aristóteles fue un gran lógico, es decir un estudioso del modo correcto de pensar. Pensó y catalogó los distintos tipos de razonamiento válidos y sostuvo que el orden del pensamiento correspondía al orden del mundo.

Los géneros y las especies son clases en las que se reúnen diferentes objetos que tiene algo en común. Por ejemplo, los seres humanos pueden entrar en la clase de los animales y se distinguen de los demás animales en que son racionales. La diferencia específica es la racionalidad, mientras que el género es "animal". A su vez, los animales están metidos dentro del género "seres vivos". Géneros y especies se superponen y forman un orden lógico que, según Aristóteles es copia del orden óntico, es decir, real.

Para definir hay que encontrar el género y la diferencia específica de cada ser. Por ejemplo, definamos "cuadro". Es un objeto fabricado por el ser humano, pues no encontramos cuadros en la naturaleza; podríamos decir que entra dentro del género "seres artificiales"; ahora debemos encontrar la diferencia específica respecto de todos los restantes objetos hechos por el ser humano. "Que se cuelgan en las paredes", "que contienen pinturas" podrían ser notas distintivas que recortan el género y nos entregan la especie. Si damos con la diferencia adecuada, tenemos la definición.

La definición verbal debe decir la esencia, el "qué" y la causa o el "porqué". En el ejemplo del cuadro, la causa es el para qué se hacen cuadros, la causa final, por ejemplo, para decorar una casa o para expresar estéticamente el sentir y el pensar de un artista y comunicarlo a otros.

Cuando definimos algo es lo mismo que entender ese algo, saber su esencia y su razón, su concepto, sus relaciones con otros seres. Para Aristóteles había una sola manera de definir, entender y ordenar el mundo, la que corresponde a la realidad tal cual es. Para otros pensadores existen muchas posibilidades de catalogar el mundo diferentes a las de Aristóteles.

Los conceptos, clases o géneros poseen extensión (número de integrantes) y comprensión (notas esenciales que lo definen). A menor comprensión mayor extensión y viceversa. Por ejemplo, el concepto ser humano tiene dos notas, animal y racional (pequeña comprensión) pero lo integran todos los humanos (gran extensión). En cambio, un individuo, por ejemplo tú mismo, tienes muchas notas esenciales, tal vez infinitas (gran comprensión) y sólo hay uno como tú, que eres único (poca extensión).

Pensando y haciendo

1) Define los siguientes términos utilizando el método aristotélico: piedra, casa, perro, ángel.

2) Define términos que te interese conocer.

3) Imagina una manera propia y distinta de la habitual de ordenar lo que te rodea.

4) Haz un gráfico en el que aparezcan los géneros más amplios y las especies hasta llegar a un individuo.

¿Qué piensa Aristóteles de las facultades del alma?

n su obra *Del alma,* Aristóteles nos dice: *De las facultades del alma, pertenecen a algunos vivientes todas las mencionadas, como hemos dicho; a otros, algunas de ellas; a algunos, una sola. Las facultades que hemos indicado son las de la nutrición, el apetito, la sensación, el movimiento local, el pensamiento. En las plantas sólo se encuentra la nutrición; en otros entes, ésta y la sensación, y si tienen sensación tienen también el apetito, pues el apetito comprende el deseo, el coraje y la voluntad; pero los animales tienen todos, al menos, una de las sensaciones, el tacto, y donde hay sensación hay placer y dolor y lo agradable y lo penoso, y donde se encuentran éstos, también el deseo, pues éste es el apetito de lo agradable.* (En *Marías,* vol.1, op. cit. p. 110).

Comprensión

Aristóteles era un gran biólogo y observador de la naturaleza. Descubrió que todos los seres vivos se nutren y, por lo mismo, nacen, crecen y mueren. También observó que los seres vivos pueden ser vegetales, animales y humanos. Los animales tienen sensación, movimiento local, es decir, de un lugar a otro, apetito que comprende deseo, coraje y voluntad. Si hay sensación, hay placer y dolor, deseo de lo agradable y rechazo de lo doloroso.

Pensamiento sólo tienen los humanos, aunque los animales superiores poseen inteligencia práctica. La inteligencia sirve para asociar elementos diversos y para solucionar problemas y adaptarse a situaciones nuevas. Por ejemplo, si a un chimpancé hambriento se le ponen unos bananos en un lugar alto al que no llega y también se le ofrecen unas cajas y un palo, este animal será capaz de subirse a las cajas y con el palo alcanzar lo que desea. Ha conseguido relacionar las cajas, el palo y ha solucionado su problema.

 El pensamiento humano implica el lenguaje conceptual, las ideas, los juicios y los razonamientos. Mediante esta facultad, el humano comprende la esencia de las cosas, lo que ellas son, sabe definirlas y nombrarlas. Este es un nivel superior al de la inteligencia concreta y práctica, es el nivel teórico, abstracto y simbólico.

Es gracias a este tipo de pensamiento que existe la filosofía, la ciencia, el arte, la religión y la cultura en general, todo ese ámbito que algunos llaman "espíritu".

La vida emerge de la materia; y el pensamiento, pasando por la sensación, la memoria, la imaginación, el deseo y la inteligencia, sale de la vida. Es un solo proceso el que va de la materia al pensamiento. Para Aristóteles la materia se mueva hacia el pensamiento, que la atrae como un imán y a ese movimiento le llamó "entelequia".

Aristóteles intenta superar el dualismo tan marcado de su maestro Platón y con su concepción del alma lo consigue. Los dos mundos tan separados en el maestro casi se funden en el discípulo, aunque no logra una completa compenetración de los mundos.

Pensando y haciendo

1) Compara un ser inerte, como una piedra, y un ser vivo, como una planta. Escribe sobre sus semejanzas y diferencias.

2) Haz lo mismo, pero ahora entre una planta y un animal.

3) Di en qué se diferencia un ser humano de un animal superior inteligente.

4) Dibuja la entelequia aristotélica.

5) Piensa la relación materia-espíritu de manera diferente a la de Aristóteles. Haz esquemas gráficos de los mismos.

6) ¿Qué sentido le das tú al movimiento?

¿Qué piensa Aristóteles sobre el bien de uno y de muchos?

os dice Aristóteles en su *Moral a Nicómaco*: *Pues aunque el bien del individuo y de la ciudad sean el mismo, es evidente que será mucho más grande y mucho más perfecto alcanzar y preservar el de la ciudad; porque, ciertamente, ya es apetecible procurarlo para uno solo, pero es más hermoso y más divino procurarlo al pueblo y a las ciudades.* (En Marías, vol. 1, op. cit. p. 113).

Comprensión

Aristóteles pensaba que la política es la ciencia práctica suprema que dirige a todas las demás pues tiene por fin conseguir el bien común de los humanos, la rectitud y la justicia.

Para él, como para casi todos los griegos de su época, el individuo no era un ser aislado, sino un ciudadano, un miembro de la Ciudad-Estado.

La política tiene que ver con la acción y por eso está íntimamente relacionada con la ética. Ambas tienen como finalidad procurar que el ser humano encauce sus deseos y acciones según la razón.

El bien máximo que persiguen la política y la ética es la felicidad, que consiste en vivir y obrar bien. Todos los humanos están de acuerdo en esto, pero cuando intentan precisar en qué consiste la felicidad, cuál es su contenido, surgen grandes discrepancias. Algunos lo ponen en las riquezas, otros en los placeres, los honores o en la salud.

Aristóteles pensaba que la felicidad no estaba en estos bienes sino en un bien que se le desea por sí mismo, el bien en sí, el más perfecto, y lo encuentra en la actividad conforme a la razón.

La felicidad es una actividad del alma perfecta según la virtud. Esto quiere decir que no es un hábito ni un capricho, sino un acto voluntario, algo elegido y producto del esfuerzo. Es una actividad que se la elige por sí misma, no en función de otra cosa.

La felicidad no es diversión ni descanso, sino acción, trabajo conforme a la virtud, propia de los mejores hombres y de la parte más excelente del ser humano. La mejor parte es el entendimiento y la actividad que este guía. Por lo tanto, la filosofía es fuente de felicidad.

Primero, eso sí, hay que tener cubiertas las necesidades básicas, y luego podemos entregarnos a los placeres del espíritu, que son los más puros y firmes. Es la vida contemplativa que tanto amaban los griegos, para la que se necesita el ocio y nada más. En esta actividad los humanos se parecen a los dioses.

También necesita el ser humano bienes externos y corpóreos, pero en la justa medida. Como buen griego, este pensador no descuidó lo que el cuerpo merece en justicia para una felicidad completa. Muy lejos del ascetismo oriental, los griegos siempre fueron fieles a la parte sensible del ser humano.

El filósofo debe comprometerse en los problemas y luchas de los humanos y no permanecer en las alturas. Esta actitud materialista ya estaba presente en Platón, y Aristóteles insiste en esto. La filosofía no debe ser un lujo de unos pocos privilegiados, sino una forma de vivir de todos los humanos.

Pensando y haciendo

1)	¿Qué es para ti la felicidad?

2)	¿Crees tú que la política debe procurar la felicidad de los humanos o más bien limitarse a una buena administración?

3)	¿Por qué razón es para Aristóteles la filosofía fuente de felicidad?

4)	Haz una lista de bienes, de mayor a menor, según tu consideración.

5)	Compárala con la de Aristóteles y con la de otros compañeros.

¿Qué piensa Aristóteles sobre los placeres verdaderos?

 n su *Moral a Nicómaco* Aristóteles nos dice: *Las almas cultas, que aman lo bello, sólo gustan de los placeres que por su naturaleza son placeres verdaderos, y lo son tales todas las acciones conformes a la virtud, que agradan a estos corazones bien nacidos, y les agradan únicamente por sí mismas. Además, la vida de estos hombres generosos no tiene necesidad, absolutamente hablando, de que el placer se una a ella, como una especie de complemento, puesto que lleva el placer en sí misma; porque, independientemente de todo lo que acabamos de decir, puede decirse que el que no encuentra placer en las acciones virtuosas no es verdaderamente virtuoso.* (*Moral a Nicómaco*, Colección Austral, Madrid, 1999, pp. 81-82).

Comprensión

La virtud no es algo doloroso, que nos cueste como un terrible sacrificio y si así sucediera, no sería realmente virtuoso el que lo viviera de ese modo. Los verdaderos placeres son aquellos que no están mezclados de dolor, que siempre son buenos y nos benefician, es decir, las virtudes.

Normalmente estamos divididos entre placeres y virtudes. Los primeros son los del cuerpo y las segundas las del alma, pero no concebimos unas virtudes espirituales verdaderamente placenteras. Esto es lo que este pensador quiere que superemos y que siendo virtuosos disfrutemos al máximo. Quien no lo vive así es porque realmente no está convencido de que la virtud sea lo que quiere hacer, sino que lo hace presionado por una ley externa o por el miedo al castigo.

Nada es más placentero que actuar conforme a la virtud, pues es agradable, bueno y bello hacerlo así. Una buena acción es dulce y bella al mismo tiempo y nos deja felices. A veces creemos que somos felices haciendo actos irracionales, pero si profundizamos, veremos que de ellos se derivan dolores y conflictos.

Para la felicidad son útiles algunos bienes accesorios, como las riquezas, los amigos, la familia, la belleza, pero lo que realmente importa es la virtud. La virtud depende de los hábitos adquiridos a través de una buena educación y, por lo mismo, es el producto de un esfuerzo, no del azar ni de un favor divino. La felicidad se conquista mediante la práctica de la virtud, mediante un largo aprendizaje y una lucha constante. La virtud y la felicidad son acciones humanas libremente elegidas y, por lo tanto, responsabilidad nuestra.

Para la plena felicidad se necesitan una virtud completa y una vida completamente desarrollada, esto es, un desarrollo pleno y armónico de toda la persona. Nadie es feliz o desgraciado por la buena o mala suerte, que los griegos llamaban "fortuna", sino por los actos virtuosos.

La felicidad no es algo pasivo que recibimos, sino una acción de conquista, un arduo trabajo.

El hombre virtuoso y feliz hará frente a los accidentes de la fortuna y "sabrá resignarse siempre con dignidad a todas las pruebas". El sabio sabrá soportar con ánimo sereno los infortunios y en ello consiste su generosidad y su grandeza de alma. Saca el mejor partido de todo lo que le sucede, "como el zapatero sabe hacer el más precioso calzado con el cuero que se le da".

Quien posee la virtud es muy difícil que se le pueda arrancar la felicidad, pues es algo de su carácter y no depende de la suerte.

Pensando y haciendo

1) Si la virtud depende la educación y la felicidad de la virtud, ¿qué debemos hacer para ser felices?

2) ¿En qué consistirá una buena educación?

3) ¿Qué pasaría si la felicidad fuera algo recibido y no algo conquistado?

4) ¿Qué factores externos pueden impedirnos ser felices?

5) ¿Cuáles son para ti las grandes virtudes y cómo se desarrollan?

¿Qué piensa Aristóteles sobre la parte irracional del alma?

 ristóteles, en su *Moral*, nos dice: *Así, la parte irracional del alma parece que es también doble. En efecto, mientras que la facultad vegetativa no participa nada de la razón, la parte apasionada, y más generalmente la parte instintiva, participa de ella hasta cierto punto en el sentido de que puede escuchar la razón y obedecerla, a la manera que nosotros deferimos a la razón de un padre, a la de nuestros amigos, sin que por eso nos sometamos en este caso del modo que nos sometemos a las demostraciones matemáticas.* (En *Moral a Nicómaco*, op. cit. p. 95).

Comprensión

Los seres humanos nos componemos de diversas partes. Aristóteles hablaba de tres almas, la vegetativa, la apasionada y la racional. Una imagen de estas partes estaba representada por tres zonas corporales: sexo-vientre, corazón-pecho y cerebro. En la India se hablaba de los *chacras* ubicados a lo largo de la columna vertebral. Platón nos dio la imagen del carro alado. Lo importante es que estas partes estén en armonía y se dirijan al mismo fin.

La facultad vegetativa, encargada de las funciones nutritivas y de los sistemas neurovegetativos, el sistema nervioso autónomo y endocrino y la vida impulsional sexual es la más baja y la compartimos con los animales. Aristóteles nos dice que es irracional y que no tiene contacto con la razón. Corresponde al inconsciente más profundo en la terminología psicológica actual.

La parte apasionada, siendo irracional, compuesta de pasiones y de impulsos se refiere a los deseos de placer y de dominio y tiene que ver con los afectos de alegría y de tristeza. Esta facultad sí puede oír los consejos de la razón, como si fueran los de un padre o de un amigo prudente y sensato, aunque nunca tendrán el carácter de demostraciones matemáticas.

La parte pasional del ser humano, en la medida en que puede escuchar a la razón, es también racional, aunque propiamente hablando sólo es racional el alma espiritual. Es esta facultad superior la que debe regir el comportamiento humano.

La razón superior es algo más que la inteligencia práctica o instrumental, capaz de resolver problemas y de adaptarse a situaciones nuevas. El espíritu es una realidad diferente, más allá de las ideas de la mente. Para Platón era la suma bondad y belleza y sólo el amor puede llegar hasta allí.

Quien toma contacto con esta realidad superior sufre una transformación. Ya no es lo material ni lo sensual lo que determina sus actos, sino la alegría, la virtud y la benevolencia. Mientras más espiritual es un ser humano, menos le importan las necesidades primarias y puede prescindir con más facilidad de lo material.

Al parecer, para Aristóteles, la parte racional superior es imperecedera, pero es impersonal, por lo que la supervivencia del alma no es algo que incumba al individuo concreto.

En nuestros días, Freud dice algo parecido al filósofo griego cuando afirma que "donde está lo Ello debe estar el yo". Esto quiere decir que el hombre educado, bien formado, va colonizando su inconsciente y haciéndolo consciente. Esta es la base de la civilización y de la salud.

Pensando y haciendo

1) Compara este texto de Aristóteles con aquel de Platón en el que nos da la imagen del carro alado con los dos caballos.

2) Haz un dibujo del cuerpo humano y ubica las tres almas.

3) Busca una imagen de los *chacras* y compárala con tu dibujo.

4) ¿Qué consejos piensas tú que le dará la parte superior racional a la apasionada?

¿Qué piensa Aristóteles sobre cómo aprendemos la virtud?

ristóteles en su *Moral a Nicómaco* nos dice: *Sólo a condición de abstenernos de los placeres es como podemos hacernos templados; y, una vez que lo somos, podemos abstenernos de los placeres con más facilidad que antes. La misma observación puede hacerse respecto al valor: habituándonos a despreciar todos los peligros y a arrostrarlos, nos hacemos valientes, y una vez que lo somos podemos soportar mejor los peligros sin el menor temor.* (En *Moral...* op. cit. p. 102).

Comprensión

Aristóteles nos dice que la práctica de la virtud nos hace virtuosos. El hábito y el ejercicio constante son definitivos para adquirir la templanza o la valentía.

Por la templanza controlamos nuestros deseos y nos hacemos dueños de nosotros mismos. El templado no se reprime sino que administra sus placeres de modo racional y evita así la caída en el dolor o en el hastío. Aprender a comedirse es uno de los elementos de la buena educación. Lo contrario de la templanza es la intemperancia, por la cual un ser humano se abandona a los excesos.

La valentía consiste en afrontar con la guía de la razón los peligros sin ser víctimas del miedo. No siempre conviene enfrentarse al peligro, pues hay veces que la prudencia nos aconseja huir y hacerlo no es cobardía. Para este pensador la virtud está en el término medio, por ejemplo, el valor está entre la cobardía y la temeridad. Temerario es el que imprudentemente arrostra peligros que la sensatez nos aconseja evitar.

Es en la infancia cuando debemos aprender a colocar los goces y los dolores en las cosas que conviene colocarlas. De aquí la importancia de la educación en la vida humana. Los castigos son remedios que debemos aceptar como indispensables. También es muy importante considerar la ocasión en la que aplicamos un castigo o un premio.

Para este pensador debemos buscar lo bueno, lo útil y lo agradable y debemos huir del mal, de lo dañoso y de lo desagradable. El placer es muy fuerte y constante en la vida humana. La virtud se ocupa de administrar los placeres y los dolores con prudencia y conduciendo así la vida hacia la felicidad. Las pasiones o afecciones no son malas en sí, sino de acuerdo a cómo las usemos. La cólera, por ejemplo es mala si la sentimos en exceso, pero en una debida proporción, es buena.

Las virtudes son hábitos que dependen de la voluntad en los cuales ejercemos las pasiones adecuadas y en la medida conveniente. Tanto el exceso como el defecto son malos, por lo que el hombre virtuoso, racional, busca el justo medio. Hay que saber escoger según las circunstancias y según las cosas la exacta y debida medida.

En relación a la perfección y al bien, la virtud es un extremo y una cúspide, pues se trata de alcanzar el máximo, no el medio. Por ejemplo en la templanza o en el valor, no hay exceso, pues el medio ya es un extremo. También nos aclara este pensador que hay pasiones siempre malas, como la envidia o la malevolencia y que ahí no hay que buscar el medio sino el defecto total.

De poca eficacia son los sermones en la formación moral. En cambio, sirven el ejemplo y la práctica. El hábito exige la disciplina y el esfuerzo, hasta que se convierta en segunda naturaleza.

Pensando y haciendo

1) ¿Qué prácticas concretas propondrías como ejercicios a los niños y jóvenes?

2) ¿Por qué dice Aristóteles que al practicar una virtud y crear el hábito después nos resultará fácil seguir practicándola?

3) Di con tus palabras la posición de este pensador respecto a las pasiones.

4) ¿Por qué el justo medio es lo mejor? ¿En qué casos no es válido y por qué razón?

¿Qué piensa Aristóteles de la valentía?

n su *Moral a Nicómaco* Aristóteles dice: *Los verdaderamente valientes no obran sino movidos por el sentimiento del honor; la cólera no hace más que venir en su auxilio y ayudarles. Las bestias, por el contrario, sólo tienen valor excitadas por el dolor; es preciso que se las castigue o que tengan miedo, y jamás se echan sobre el hombre cuando se las deja en paz en sus bosques o pantanos... No puede, pues, decirse que los sentimientos que hacen que nos arrojemos violentamente al peligro, impulsados por la ira o el dolor, constituyan el valor... el hombre de verdadero valor, como hemos visto, arrostra todo lo que puede ser o parece temible al corazón, porque es siempre digno arrostrar el peligro, así como cosa indigna no arrostrarlo.* (En: *Moral a...* op. cit. pp.152-153).

Comprensión

Nos habla Aristóteles del valor, esa virtud que está entre el miedo y la audacia, entre ser cobarde y temerario. Nos aclara este pensador que no cualquier acto que arremete o ataca debe ser considerado valiente, pues si está motivado por la ira o el dolor, es decir, por una pasión, deja de serlo. Para ser valeroso un acto, debe estar guiado por la voluntad y por el sentimiento del honor.

Compara ciertos actos humanos con los que a veces tienen los animales, como cuando atacan por verse acorralados o heridos. En este caso es el instinto, no la voluntad o el libre querer, el que dirige la acción.

El ser humano no es valiente por carecer de miedo, sino más bien por vencerlo. Cuando el capitán Ajab, en la novela *Moby Dick,* de Melville, está reclutando hombres valientes para ir a cazar a la ballena asesina, les pregunta si han sentido miedo y sólo a los que responden afirmativamente los acepta en su tripulación. El temerario es casi siempre un hipócrita que aparenta valor pero que huye cuando ve el peligro. El que tiene exceso de miedo es un cobarde, carece de confianza en sí mismo y de seguridad.

El valiente es capaz de soportar penas y dolores con entereza y sabe que la muerte está muy cerca, a pesar de que lo que él ama es la vida, pero no tanto como para preferirla al honor. El valiente prefiere morir con dignidad a vivir indignamente.

La valentía, como todas las virtudes, depende mucho de los hábitos adquiridos, de la práctica. Quien está habituado a actuar con valentía le resulta más fácil responder con valor frente a un peligro inesperado.

Esta virtud es para Aristóteles de la parte irracional del alma, junto a la templanza. No significa esto que sea un acto irracional o una pasión, sino que tiene que ver con los afectos básicos del placer y del dolor.

La valentía debe ser controlada por la prudencia y así no se expondrá a peligros innecesarios. En algunas ocasiones es mejor huir que afrontar una fuerza muy superior, a menos que esté en juego el honor.

El valiente no es en absoluto insensible y mucho menos cruel. Por el contrario, jamás se permitiría humillar inútilmente al vencido. Ya lo dice el proverbio popular: "Lo cortés no quita lo valiente". La generosidad es el complemento, junto con la humanidad, de la valentía y ambas integran la nobleza.

Pensando y haciendo

1) Describe a un ser humano valiente y da un ejemplo en el que se vea su valor.

2) Intenta recordar algún hecho de tu vida en el que se demuestre tu valentía.

3) ¿Qué prácticas concretas podrían servir en la educación para formar un carácter valiente?

4) ¿Por qué es importante esta virtud?

¿Qué piensa Aristóteles sobre la medida?

ristóteles nos dice en *Moral a Nicómaco*: *El hombre prudente y templado sabe mantenerse en el medio conveniente: no gusta de estos placeres que apasionan tan violentamente al intemperante, y siente más bien repugnancia a semejantes desórdenes. En general, no goza de lo que no debe gozar; no goza con furor de ninguna cosa, así como no se aflige desmedidamente a causa de una privación. Sus deseos son siempre igualmente moderados, y no traspasa jamás los justos límites; no alimenta tampoco aspiraciones intempestivas y, en general, evita todas las faltas de este género. Busca con mesura y de una manera conveniente todos los placeres que contribuyen a la salud y al bienestar; aprovecha los demás que no dañen a estos y que no son inconvenientes ni están fuera del alcance de su fortuna.* (Op. cit. p.161).

Comprensión

Templado es el que sabe elegir los placeres convenientes y en la forma, ocasión y medida adecuados. También es el que no se aflige demasiado por tener que privarse de algún placer. Es moderado en sus deseos y mantiene unos límites que jamás traspasa. Lo contrario del templado es el intemperante.

La templanza se refiere a los placeres del cuerpo, ya que a los del alma, como por ejemplo el amor al conocimiento no tiene sentido la templanza. Dentro de los placeres corporales, tampoco se aplica a la vista o al oído, por ejemplo por querer oír música. Se refiere sobre todo a los placeres del tacto y del gusto.

Dentro del tacto están los placeres de Venus o del sexo, que compartimos con los animales. Referido al gusto está el placer de los alimentos. La naturaleza nos marca unas necesidades y satisfacerlas nos produce placer, pero el intemperante rebasa los límites naturales y cae en el exceso.

La prudencia, es decir, la recta razón, es la que nos indica qué placeres, cómo disfrutarlos y en qué momento. Este saber práctico se aprende como una parte de la ética y debería enseñársela en la infancia. Este libro tiene esa intención.

Para este pensador el placer es algo muy fuerte en el ser humano y, por lo mismo, difícil de controlar. Requiere la templanza de una gran fuerza de voluntad y la intemperancia es más reprensible que la cobardía, pues ésta tiene que ver con los dolores.

Los jóvenes están más expuestos al deseo de placer, pues "sólo viven del deseo y de la pasión, y nada iguala en ellos al amor desenfrenado por el placer". Por esta razón, este filósofo propone templar y corregir en la infancia y juventud esta tendencia mediante una educación que modere los deseos.

El comedimiento, el ser capaz de medirse y de resistir la fuerza de las pasiones, de dominarlas mediante la razón, es el signo más claro de una persona moral y educada. Por el contrario, el bárbaro, se deja siempre llevar por los impulsos inmediatos.

Pensando y haciendo

1) ¿Qué placeres apasionan violentamente? Haz una lista de ellos.

2) Intenta hacer una clasificación de los placeres.

3) Da ejemplos de intemperancia sacados de tu experiencia.

4) ¿Cómo piensas tú que se puede aprender la templanza y la prudencia?

¿Qué piensa Aristóteles sobre la generosidad?

 os dice Aristóteles: *Pero todas las acciones que la virtud inspira son bellas, y todas ellas están hechas en vista del bien y de la belleza. Así, el hombre liberal y generoso dará porque es bello dar; y dará convenientemente, es decir, a los que debe dar, lo que debe dar, cuando debe dar, y con todas las demás condiciones que constituyen una donación bien hecha. Añádase a esto que hará sus donativos con gusto o, por lo menos, sin sentirlo, porque todo acto que es conforme con la virtud es agradable o, por lo menos, está exento de dolor, y no puede ser nunca verdaderamente penoso.* (En *Moral a...* op. cit. p. 167).

Comprensión

La liberalidad es una virtud entre la prodigalidad y la avaricia. El pródigo derrocha su fortuna y el avaro no da nada y se excede en tomar.

Nos dice este pensador que la virtud hace bellas obras y que dar es hermoso. Pero hay que saber dar y también recibir, y es la prudencia la que nos aconseja a quién, cuándo, cómo y qué dar o recibir. No siempre ni a cualquiera hay que dar. El ser humano generoso da sin sacrificio, con gusto y no lo hace movido por una presión o por un interés oculto, sino porque realmente así lo desea.

Hay personas que parecen generosas pero no lo son verdaderamente. Alguien puede dar algo a otro para dominarlo, pues el que recibe queda en deuda.

El que da debe poseer eso que da, para lo cual habrá tenido primero que trabajar y atesorar. No es generoso el que da lo que no le pertenece. El ser humano generoso ha debido primero preocuparse de sí mismo, haciendo gala del amor propio. Si no tienes nada, nada podrás dar.

El generoso se queda con la menor parte, pues prefiere dar lo mejor a los demás. Aprecia las riquezas, pero en su justa medida. No sufrirá en exceso si se ve obligado a perder una parte. La mayoría de los humanos se aferran a las riquezas con enorme apego y es mucho más frecuente la avaricia que la prodigalidad.

Aprender a desprendernos de los bienes materiales, que finalmente perderemos de modo inevitable, es muestra de sabiduría. Muchas personas viven para poseer cosas y terminan poseídos por las mismas.

Como todas las virtudes, la liberalidad y la generosidad también se aprenden y llegan a ser un hábito a fuerza de practicarlas.

La oportunidad es algo que preocupa mucho a este pensador y consiste en atender siempre a la situación concreta y deliberar en relación a ella. Las generalizaciones excesivas son poco aptas para las acciones morales. La prudencia es la que tiene que decidir en cada caso.

Estamos por un breve tiempo sobre la tierra y no nos podremos llevar nada al sepulcro, por lo que la avaricia es un gran error. Por el contrario, saber dar es uno de los aprendizajes más bellos, aunque más difíciles. Deberíamos aprender a desprendernos de todo lo superfluo, a vivir con sencillez y a compartir lo que tenemos. De tanto poseer cosas, éstas terminan por atraparnos, por lo que dar es una liberación. Nada más absurdo que acumular bienes que no podremos disfrutar; el mejor modo de gozar los bienes es compartiéndolos. Los maestros de vida no dejan de repetir que quien da, gana.

Pensando y haciendo

1)   ¿Cómo saber a quién, cuando, cómo y qué hay que dar?

2)   ¿Qué prácticas de generosidad convendría tener para adquirir la virtud?

3)   ¿Cómo debe ser nuestra relación con las cosas para no ser poseídos por ellas?

4)   ¿Qué es más reprensible y por qué razón, la avaricia o la prodigalidad?

¿Cómo concibe Aristóteles al hombre grande?

sí nos describe Aristóteles la magnanimidad o grandeza de alma: *El magnánimo parece ser el hombre que se siente digno de las cosas más grandes, y lo es, en efecto, porque el que tiene esta alta estimación de sí mismo sin merecerla es un insensato, y un corazón conforme a la virtud no es insensato ni irracional... Puesto que el magnánimo es digno de los mayores honores, es preciso también que sea el más perfecto de los hombres... Así, es necesario que el hombre verdaderamente magnánimo esté lleno de virtud, y cuanto hay de grande en las virtudes de cada género debe poseerlo. Jamás estará bien en el magnánimo temblar o huir, así como nunca se rebajará a hacer daño... Pero si el magnánimo se fija principalmente en el honor, deberá, por lo mismo, moderarse en todo lo relativo a riquezas y poder; en una palabra, en todo lo relativo a la fortuna favorable o adversa, cualquiera que sea la forma en que se presente... También es propio del carácter magnánimo no recurrir a nadie o, por lo menos, no hacerlo sin pena; servir a los demás, por lo contrario, con todo empeño... va el magnánimo tras las cosas bellas y sin fruto, más bien que de las útiles y fructuosas, porque este gusto cuadra mejor a un corazón independiente que se basta a sí mismo...* (En *Moral a...* op. cit. pp. 179-184).

Comprensión

El magnánimo es el ideal de ser humano para este pensador. Su figura es magnífica y puede servirnos como modelo para forjar nuestro carácter. Es alguien que posee todas las virtudes y en forma armónica.

Posee un alto sentido del honor, el que le otorga su dignidad y esto le hace ser seguro y confiado en sí mismo. El honor es más importante que las riquezas, que el poder o la fama. Para el magnánimo perder el honor es peor que perder la vida.

El magnánimo es valiente, templado, sobrio, independiente y moderado. La autarquía o independencia era muy importante para ese pensador. Consiste en bastarse a sí mismo, en no necesitar de los demás más que en lo indispensable. Sin embargo, al magnánimo le gusta servir y se empeña en ello. No le gusta tanto recibir, pues es muy orgulloso, pero si dar, pues es muy generoso.

Por último, nos dice que este tipo de hombre no es interesado, es decir, utilitario, sino que ama lo bello, al margen del provecho económico. No es un hombre mercantilista ni calculador, sino más bien un artista.

El magnánimo no está a merced de la fortuna y de sus vaivenes, sino que permanece estable y, de alguna manera, imperturbable.

Pensando y haciendo

1)   Escribe un cuento en el que el protagonista sea un magnánimo y donde se vea porqué lo es.

2)   ¿Cómo piensas tú que se podría formar un ser humano magnánimo?

3)   ¿Conoces personalmente a un ser humano así o que se le aproxime? Descríbelo en sus detalles.

4)   De todas las virtudes que reúne el magnánimo, ¿cuál piensas que es la más importante y por qué?

¿Qué es la prudencia para Aristóteles?

 os dice Aristóteles: *El rasgo distintivo del hombre prudente es, al parecer, el ser capaz de deliberar y de juzgar de una manera conveniente sobre las cosas que pueden ser buenas y útiles para él; no bajo conceptos particulares, como la salud y el vigor del cuerpo, sino las que deben contribuir en general a su virtud y a su felicidad.* (En *Moral a...* op. cit. p. 248).

Comprensión

Aprender a deliberar antes de actuar, sobre asuntos que se puede decidir, es una de las grandes virtudes del ser humano racional. No precipitarse y no hacer lo que manda el capricho o la pasión es propio del sensato, del que se rige por la razón, y es el camino de la felicidad.

Casi siempre actuamos impulsivamente, sin deliberar, y por eso nos va tan mal, sufrimos inútilmente y hacemos sufrir a los demás. No siempre es fácil tener la serenidad para razonar, pues hay muchas situaciones en las que nos vemos urgidos a actuar, pero sería conveniente, sobre todo cuando es así, respirar profundo y deliberar.

Este pensador nos dice que la deliberación debe apuntar hacia la felicidad y no hacia detalles. Esto quiere decir que la prudencia nos debe conducir hacia la autorrealización.

El prudente es virtuoso, es decir, se comporta racionalmente y eso le hace feliz. Cuando el filósofo habla de razón, es mucho más que la inteligencia práctica, es el pensamiento superior, una auténtica sabiduría que se aplica en la vida.

Este saber no es como la teoría científica, es decir, algo que se puede demostrar, ni tampoco el arte que produce obras; pertenece a un saber específico y distinto de los anteriores. Es una facultad que descubre lo verdadero y actúa de acuerdo a la razón, con el fin de conducirnos hacia el bien. Es un saber para vivir bien. La prudencia nos guía y salva.

Deberíamos tener un criterio claro de lo que nos conviene a los humanos, para así poder dirigir nuestra vida y tomar decisiones con claridad y resolución. La filosofía, como estamos viendo a través de estos textos, nos recomienda utilizar la razón como guía y no seguir, como casi todo el mundo, los impulsos irracionales.

La prudencia es la gran sabiduría filosófica, sobria y poco dada a las fantasías o a la palabrería, enemiga de las supersticiones, sensata y austera.

Deberíamos aprender la prudencia en la práctica diaria y desde la infancia. Nos acostumbraríamos así a deliberar cada vez que tengamos un problema y a resolverlo con nuestro razonamiento. También podemos consultar a la emotividad pues el mejor acto es aquel en el que la razón, la emoción y el cuerpo actúan de acuerdo y con armonía.

Los griegos tuvieron fuerza y medida en la proporción adecuada para plasmar un ser humano equilibrado. Si falta alguno de estos dos elementos, el resultado adolecerá de una parte importante. El templo griego con sus columnas dóricas es un ejemplo de la arquitectura de esa feliz conjunción.

Quien no es prudente se precipita y actúa movido por pasiones o por capricho. Casi siempre que actuamos así, nos equivocamos y la consecuencia será un sufrimiento para nosotros o para otros. El arrepentimiento es también causado por la imprudencia. Uno de los males más habituales en el hombre poco educado es ver lo mejor y hacer lo peor, por debilidad y por falta de sensatez. Es muy importante comprender que la prudencia y la felicidad van de la mano.

Pensando y haciendo

1)   ¿Cuál es el fin de la vida humana?

2)   ¿En qué consiste una buena vida?

3)   ¿Cuál es el contenido de la felicidad?

4)   ¿Cómo podríamos enseñar y aprender la prudencia?

¿Qué motiva la acción humana para Epicuro?

picuro nos dice: *Todo lo que hacemos persigue este fin: la supresión del dolor y del miedo. Una vez que éstos se producen en nosotros, se desencadena toda la tempestad del alma, no pudiendo el ser viviente dirigirse, por así decirlo, a algo que le falta, ni buscar otra cosa con que llenar el bien del alma y del cuerpo. Porque tenemos necesidad del placer precisamente cuando, por no hallarse él presente, sentimos dolor. Cuando no sentimos ningún dolor no necesitamos ya del placer; y por eso decimos que el placer es principio y fin de la vida feliz.* (En Marías, vol. 1, op. cit. p. 140).

Comprensión

No tener dolor ni miedo es el fin de la acción humana. El placer es la ausencia de dolor; es, pues, algo negativo. Si no hay dolor, no buscamos el placer.

Epicuro pensaba que no todo placer debe ser elegido, sobre todo si será causa de una molestia mayor y que a veces es preferible un dolor a un placer si el beneficio será mayor. Todo placer es bueno pero no elegible y todo dolor es malo pero no siempre debemos evitarlo.

El planteamiento de Epicuro es en pro del placer, pero no de cualquier placer ni en cualquier momento. Es la prudencia o razonamiento práctico el que debe decidir cuándo y qué tipo de placer frecuentamos. Es, por lo mismo, un hedonismo razonado y razonable, pues de lo que se trata sobre todo es de evitar el dolor.

En cuanto a la eliminación del miedo nos propone combatir las supersticiones, es decir, aquellas creencias irracionales que persiguen subyugarnos a poderes externos. El ser humano puede y debe ser feliz. La filosofía le puede dar, con sus razonamientos, esa felicidad tan anhelada. Para ello, se debe practicar la filosofía, hacerla parte de la vida.

Para este autor, el alma es un cuerpo compuesto de partículas muy ligeras semejante a un soplo. La Divinidad es un ser viviente imperecedero y bienaventurado que nada tiene que ver con los humanos y todo lo que pensamos de los dioses son meras suposiciones. Estas ideas pueden ayudarnos a superar el temor que nos inspiran las potencias superiores.

El dolor y la tristeza constituyen el mal; el placer y la alegría, el bien. Buscar el bien y evitar el mal es lo que nos manda nuestra naturaleza. Una vida frugal y saludable, con amigos, con placeres suaves y sin temores es lo que nos propone Epicuro.

La felicidad como ausencia de dolor le pareció a Nietzsche demasiado poco en relación a los primeros griegos, a los de la época trágica. Pensó que era un signo de debilidad, de senectud y valoró a los pensadores que persiguieron la felicidad positivamente.

Superar el miedo y la esperanza es algo muy importante para Epicuro. Esto equivale a no vivir siempre en el futuro y, por el contrario, aferrarse al presente y amarlo plenamente. De ahí el célebre *Vive el instante.*

Imaginemos a este sabio en su jardín, rodeado de amigos y discípulos, practicando sus pensamientos. La gran preocupación de este pensador fue encontrar el equilibrio, huyendo de los extremos.

Pensando y haciendo

1) Epicuro tiene una concepción negativa del placer, ¿cuál sería una positiva?

2) ¿Crees tú que una búsqueda indiscriminada de placeres sería mejor que la propuesta razonada de Epicuro? Fundamenta tu respuesta.

3) Dicen que Epicuro enseñaba en un jardín rodeado de amigos. Haz un cuadro en el que se vea esta escena.

4) Expresa con tus palabras la idea de Epicuro del alma y de la Divinidad.

5) ¿Por qué razón estas ideas contribuirían a superar el miedo que nos producen las supersticiones?

¿Qué piensa Séneca sobre el destino?

éneca nos dice en *De la Providencia: ¿Cuál es el deber del hombre virtuoso? Abandonarse al destino. Es consuelo grande ser arrebatado a par del universo. Sea el que fuere el poder que ha dispuesto que nosotros así vivamos y muramos así, a este mismo poder están los dioses inflexiblemente obligados. Un curso irrevocable se lleva por igual las cosas humanas y las divinas. El mismo Creador y gobernador del universo escribió ciertamente los decretos del destino; pero Él empezó por seguirlos: obedece siempre el que una vez mandó.* (En *Marías*, vol. 1, op. cit. p. 162).

Comprensión

Para este pensador español el mundo es un todo regido por una Ley irrevocable. Todo cuanto sucede obedece a una lógica y tiene un sentido, que muchas veces se nos escapa a los humanos. Hasta los sucesos más terribles e incomprensibles son necesarios y tienen su razón de ser. Dios mismo es esa Ley y se somete a ella.

Por lo mismo, el ser humano debe aceptar el orden de los acontecimientos y confiar en su necesidad aunque no lo comprenda del todo. Muchas cosas nos parecen injustas y nos rebelamos contra ellas, pero el hombre sabio y virtuoso se abandona en lugar de luchar contra ese destino.

Esta actitud de aceptación y de resignación frente a lo inevitable es el resultado de comprender que los humanos no podemos cambiar ese destino universal. Lo único que podemos hacer nosotros es comprender y aceptar o ignorar y luchar vanamente contra lo inexorable. Somos libres para hacer aquello o esto, pero no para cambiar el orden del mundo.

Una buena metáfora para entender esto es la siguiente: imaginemos que vamos en una pequeña canoa sobre un río torrentoso. No podemos ir contra la corriente ni evitar que el caudal nos lleve hacia donde se dirige. Tan solo podremos aprovisionarnos de un remo y de un timón y navegar mejor o bien ir a la deriva y zozobrar. Nuestra libertad consistirá en seguir mejor la corriente, en amar lo que no puede ser de otro modo o en rebelarnos inútilmente contra lo que de todos modos sucederá así.

Quien se abandona al destino, se relaja y deja de sufrir por el miedo y la esperanza, pues sabe que todo acaece según la necesidad. Sus únicas luchas consisten en comprender este orden, en aceptarlo y en aprovecharlo para su perfeccionamiento.

Para el sabio estoico, las adversidades nos pueden servir para moldearnos mejor, para fortalecernos, para ser más resistentes, más libres y más sensatos.

Ya Heráclito había dicho que el destino del ser humano es su carácter, es decir, lo que él mismo decida. También

Aristóteles insistió mucho, como su maestro Platón, en la libertad humana, en que somos lo que queremos ser, a pesar y porque hay condicionamientos. Podríamos decir que el destino del hombre es la libertad. Sin embargo, hay una parte que no depende de nosotros, que resiste a nuestra acción y que nos permite avanzar, como el aire le permite volar a la paloma.

Pensando y haciendo

1)   ¿Qué pasaría si todo dependiera de nosotros y no hubiera ningún destino?

2)   ¿La existencia del destino impide que exista la libertad?

3)   ¿Para qué somos libres los humanos, según Séneca?

4)   ¿Qué hace el hombre sabio con las adversidades?

5)   Dibuja la metáfora de la canoa y descifra los símbolos que contiene.

¿Qué piensa Séneca de las adversidades?

éneca nos dice en *De la Providencia: ...vuestra felicidad consiste en no necesitar la felicidad. Pero sobrevienen hartas contingencias aflictivas, horrendas, duras de sufrir. Porque no podía hurtaros a ellas, armé vuestras almas contra todas. Sufridlas con firmeza: en ello podéis aventajaros al mismo Dios; Él está fuera del padecimiento del mal; vosotros triunfáis del padecimiento. No os espante la pobreza; nadie vive tan pobre como nació. No os espante el dolor: o tendrá fin o acabará con vosotros. No os espante la muerte, la cual o extermina o transforma vuestra existencia. No os espante la fortuna: ningún dardo le di con que hiriese vuestra alma. Antes que todo precaví que nada os mantuviera vivos a la fuerza: está abierta la salida; si no queréis luchar, os es lícito desertar.* (En *Marías*, vol. 1, op.cit. p. 163).

Comprensión

Aquí se supone que Dios habla a los humanos y nos dice los bienes que dio a los mejores. El ser humano bueno desdeña el miedo y se hastía con la codicia. Los bienes del hombre justo son interiores, son bienes del alma.

El ser humano puede luchar contra las adversidades y al hacerlo con firmeza supera a Dios mismo, quien está más allá de todo mal. Nosotros, en cambio, podemos luchar y vencer: he ahí nuestro gran valor.

Ni la pobreza, ni el dolor, ni la muerte pueden dañar al sabio. Por el contrario, éste los vence con su sabiduría, pues las aprovecha para ser mejor, para perfeccionarse. El hombre libre asume estas realidades como pruebas y se hace fuerte con ellas.

La muerte puede ser una salida y una liberación más que un tormento, y eso depende de cómo la tomemos. De nosotros depende su sentido. En sí, estas realidades son neutras, carecen de valoración y somos nosotros quienes se las otorgamos.

Por ejemplo, la muerte puede ser vista como aquel hecho que impide que seamos plenamente felices o, por el contrario, como lo que da a cada instante de nuestra existencia un valor y un peso definitivos. Todo depende de nosotros, que somos los valuadores, los que damos sentido a los hechos.

Por todo lo anterior, lo más importante para un ser humano es la sabiduría que nos permite valorar adecuadamente el mundo. Para el sabio, algo malo y doloroso puede convertirse en un bien que nos ayuda a crecer; para el ignorante, en cambio, los bienes pueden llegar a perderlo.

El sabio estoico es un ser humano insensible, que ha matado su cuerpo y vive en el refugio y fortaleza de su alma. Es una especie de fakir occidental, exageradamente ajeno a una parte esencial de lo humano, su cuerpo. Sin embargo, sus enseñanzas nos pueden ser muy útiles para enfrentar los males que a todos los humanos nos acaecen, como el envejecimiento, las enfermedades o la misma muerte u otros que pueden sobrevenirnos. Es conveniente que estemos preparados para recibir y superar estos males, incluso que aprendamos a utilizarlos en nuestro provecho, haciendo "de la necesidad, virtud".

Pensando y haciendo

1)	Inventa un cuento en el que hay dos protagonistas: un ignorante que está rodeado de bienes y que, sin embargo, se pierde y un sabio que a pesar de las adversidades, se salva.

2)	¿Qué quiere decir Séneca con la frase "nadie vive tan pobre como nació"?

3)	¿En qué casos la muerte puede ser una buena elección?

4)	Haz un retrato hablado del sabio estoico.

¿Qué piensa Séneca de la duración de la vida humana?

**S**éneca nos dice en *De la brevedad de la vida*: *No es que tengamos poco tiempo, sino que perdemos mucho. Asaz larga es la vida y más que suficiente para consumar las más grandes empresas si se hiciera de ella buen uso; pero cuando se desperdicia en la disipación y en la negligencia; cuando a ninguna cosa buena se dedica, al empuje de la última hora inevitable sentimos que se nos ha ido aquella vida que no reparamos siquiera que anduviese.* (En *Marías*, vol. 1, op. cit. p. 164).

Comprensión

Este pensamiento tiene que ver con la muerte, que recorta la vida y la determina como finita. Somos mortales, vivimos por un tiempo indefinido, breve o largo según los casos. A la mayoría de los humanos la vida les parece breve, pero el sabio sabe aprovechar el tiempo del que dispone.

Muchos hombres no piensan en la muerte por temor y hacen como si fueran a vivir siempre. Este olvido les lleva a no preocuparse por vivir bien a no aprovechar lo que han recibido. No administran su vida, la dilapidan y se pierden.

El sabio dispone buenamente de su vida y le saca el máximo provecho, aunque sea más breve que la de muchos ignorantes que la derrochan inconscientemente.

Tolstoi escribió una novela sobre este tema: *La muerte de Ivan Illich*. En ella, se cuenta la historia de un hombre que ha vivido en estado de sueño y que de repente le dicen que tiene una enfermedad terminal y que dispone de muy poco tiempo de vida. Es como si despertara para morir. Se da cuenta de que su vida ha sido malgastada y que ya no puede volver atrás ni le alcanza el tiempo para empezar de nuevo.

La avaricia, las tareas inútiles, los vicios, la pereza, la codicia, el afán de fama y de poder, la envidia, la frivolidad, la inconstancia, la inconsciencia, suelen ocupar todo el tiempo y la vida se escurre sin que quede nada importante. "Nadie es para sí", nos dice este pensador, pues nos extraviamos en infinidad de hechos absurdos.

Vivimos para los demás y nos despreocupamos de nosotros mismos, nos atrofiamos. Confundimos el egoísmo mezquino con la necesidad que tenemos de trabajar sobre nosotros mismos y de perfeccionarnos y, por lo mismo, nos descuidamos. Desperdiciamos lo único que tenemos, la vida, y la ocupamos con trivialidades.

Ser dueño de sí, disponer de ocio y reposo para pensar y para trabajar en sí mismo es equivalente a ser libre. Emplear bien el tiempo es un arte difícil y raro propio de los sabios. Es el arte del buen vivir lo que más nos hace falta y en esto consiste la filosofía. Aprender a vivir y a morir, no desperdiciar ni un instante, cuidarse a uno mismo, no dejar que los demás se lleven nuestra vida, apropiarnos del tiempo, construir nuestra persona, vivir con plenitud, son los objetivos de la prudencia. Nos perdemos entre el pasado y el futuro y dejamos escapar el presente.

El tiempo puede ser el destructor, como ese Saturno devorador de sus hijos, o un gran escultor, según la acertada imagen de Yourcenar. En este último caso, el tiempo nos embellece y perfecciona, única manera de vivir para los humanos. El tiempo es la materia de nuestra existencia, somos temporalidad y debemos aprender a vivirlo bien, aprovechándolo para nuestro perfeccionamiento y felicidad. Además, en el tiempo reside la posibilidad de lo eterno, pero debemos ser capaces de descubrirlo. Poetas y filósofos nos enseñan a encontrarlo.

Pensando y haciendo

1) Escribe un cuento en el que los protagonistas sean inmortales.
2) Da ejemplos de tu vida en los que se vea que aprovechas bien el tiempo y otros en los que se despilfarra.
3) ¿Qué se te ocurre que le pasó a Ivan Illich cuando supo que le quedaban tres meses de vida?
4) ¿Estás de acuerdo con Séneca en que consagrarse a la sabiduría es la mejor manera de vivir? Razona tu respuesta.
5) ¿De qué manera podemos vivir plenamente el presente?

¿Dónde está la felicidad para Séneca?

os dice Séneca en *De la vida bienaventurada: Es bienaventurado aquel hombre para quien no existe otro bien ni mal que un alma buena o mala, ejercitado en la práctica de lo honesto, contento con la virtud, a quien ni engríen ni quebrantan las veleidades de la fortuna, que no conoce mayor bien que el que se puede dar a sí mismo, y cuyo auténtico placer es menospreciar el placer... Hay, pues que salir hacia la libertad. Y ésta ninguna otra cosa nos la proporciona sino el negligente desdén de la fortuna. Entonces brotará aquel bien inestimable, a saber, la tranquilidad del alma puesta en seguro, y la elevación y un gozo grande e inconmovible que resultará de la expulsión de toda suerte de terrores y del conocimiento de la verdad; y la afabilidad y expansión del espíritu; y en estas cosas se deleitará no como en cosas buenas, sino como en cosas emanadas de su propio bien.* (En *Marías*, vol. 1, op. cit. p. 178).

Comprensión

El tema de la felicidad es uno de los más importantes de la filosofía. Los filósofos estoicos como Séneca piensan que regirse por la razón, superar los miedos y suspender los deseos para alcanzar la serenidad son los medios para ser feliz.

La verdad y la salud moral son indispensables para la felicidad humana, y en esto se diferencia de la de los animales. El hombre sabio y feliz está por encima de los vaivenes de la fortuna y por eso nada externo puede anularla.

Podemos ver que este pensador tiene una idea negativa de los placeres, a los que considera abyectos, serviles, frívolos y caducos. La vida mejor no es la más deleitable y los placeres no deben mandar sino servir para utilidad del alma.

El ideal de ser humano para Séneca es el que permanece siempre dueño de sí, incorruptible a las cosas externas, preparado para los cambios de la fortuna, constante, firme, ordenado, magnánimo y cortés.

El placer no es la causa de la virtud sino algo accesorio. Tampoco es el premio de la virtud, pues el premio es la virtud misma, que es el sumo bien.

En relación a los dolores que debemos padecer, como las enfermedades y la muerte misma, nos aconseja no perder la calma y aceptarlas con grandeza de alma. Obedecer a Dios o a la Necesidad es libertad.

La verdadera felicidad está en la virtud y ésta consiste en hacerse como un dios, pleno, seguro, armónico, y libre.

El estoicismo es un camino duro y severo, que tal vez podríamos complementar con teorías más suaves y fáciles de practicar. Es una buena escuela para poder gozar más y mejor con todo lo que la vida nos ofrece, pero no para buscar el sufrimiento por él mismo. No debemos despreciar todo lo que representa una vida placentera pero debemos estar preparados para, si es el caso, prescindir de esos bienes.

Es muy interesante saber que la felicidad no depende de la buena o mala suerte, de factores externos, aunque éstos pueden influir, pero que realmente todo reside en el alma buena o mala, en cómo encaremos lo que no depende de nosotros. Para ello, es fundamental la educación, lo que hacemos de nosotros mismos.

Pensando y haciendo

1) ¿Cuál es para ti el contenido de la felicidad? Compara tus ideas con las de Séneca.

2) Haz un retrato del hombre virtuoso según este pensador.

3) ¿Por qué dice Séneca que el premio de la virtud es la virtud misma? Compara este pensamiento con la idea que dice que el premio será el Cielo después de la vida.

4) ¿Qué piensas de la expresión: "obedecer a Dios es libertad"?

5) ¿Se puede ser feliz sin sabiduría?

¿Qué piensa Séneca de lo que es natural para el hombre?

 os dice Séneca en *Cartas a Lucilio*: *Si vivieres según la Naturaleza, nunca serás pobre; si vivieres según la opinión, nunca serás rico. La Naturaleza desea muy poco; la opinión desea la inmensidad... Apártate, pues, de toda cosa vana, y cuando quisieres saber si lo que deseas viene de la Naturaleza o de la ciega codicia, piensa si puede detenerse en algún punto. Si, habiendo avanzado mucho, queda todavía algo en lontananza, sabe que esto no es natural.* (En Marías, vol. 1, op. cit. p. 182).

Comprensión

Los grandes sabios de todos los tiempos han insistido en la conveniencia de limitar la posesión de bienes externos. No siempre los han rechazado pero siempre han insistido en la virtud de la sobriedad.

Los bienes necesarios son aquellos sin los cuales no podemos subsistir, como el aire que respiramos o los alimentos que nos nutren. También una vivienda segura y confortable, vestidos que nos protejan del frío y todo aquello que nos hace estar saludables son bienes indispensables. Nadie puede prescindir de estos bienes y quien carece de ellos no es pobre, sino mísero.

Hay otros bienes que sin ser tan básicos como los anteriores también son necesarios, como ciertos bienes culturales o ciertas relaciones sociales, por ejemplo la familia, los amigos o los libros, etc.

Sobre estos bienes mínimos se levantan una multitud de otros que no son tan necesarios hasta llegar a los totalmente prescindibles. Dicen que cuando Sócrates visitó un mercado de Atenas, exclamó: "¡Cuántas cosas hay de las que puedo prescindir!"

La codicia es uno de los vicios más comunes y más difícil de controlar. Como nos lo dice Séneca, no tiene término, es una sed insaciable y que no deja de crecer. El afán de riquezas es muy habitual y ha pasado a constituir la normalidad. Casi todo el mundo dedica todas sus energías a este fin.

Vivir según la Naturaleza consiste en limitarnos a lo necesario en los bienes básicos y ampliarnos todo lo posible en los bienes culturales, ya que estos últimos nos ayudan a prescindir de los primeros. Los seres humanos más espirituales prefieren una vida austera.

La naturaleza humana es, en realidad, la cultura, es decir, lo artificial, lo que los humanos convengamos. Por eso mismo, es imposible obedecer a la naturaleza, pues tenemos que inventarla. Pero los estoicos se refieren a intentar prescindir de todo aquello que no es necesario y que es superfluo, aunque Ortega dirá más adelante que lo "superfluos es lo más necesario".

Lo natural podría ser lo que el sentido común nos señala como indispensable, ya que no existe un criterio absoluto para distinguir lo natural de lo artificial. El sentido común puede engañarnos pero entonces podemos consultar a los más sensatos de nuestros congéneres y veremos que no es mucho.

Pensando y haciendo

1) ¿Cómo sabemos lo que es natural cuando los humanos hemos creado y vivimos en un mudo artificial?

2) Haz una lista de los bienes naturales indispensables para llevar una buena vida.

3) ¿Significa la austeridad que debemos privarnos de los bienes culturales?

4) ¿Por qué los seres humanos más espirituales prefieren tener lo mínimo en lo material?

¿Qué piensa Séneca de las supersticiones?

 n la *carta XLI*, Séneca dice: *Haces cosa buena y para ti saludable si, como escribes, perseveras en ir camino de la cordura, que fuera necedad pedirla pudiendo alcanzarla de ti mismo. No se han de levantar las manos al cielo ni rogar al custodio del templo que nos admita a hablar a las orejas de la estatua como si pudiéramos ser oídos mejor. Dios está cerca de ti, contigo está; está dentro de ti.* (En *Marías*, vol. 1, op. cit. p. 187).

Comprensión

Nos dice aquí el filósofo español que el camino de la cordura, opuesto a la locura, no está fuera de uno mismo sino en uno mismo. Por eso, no hay que pedirla a otro, pues es uno mismo quien puede darla. La cordura es lo que nos hace felices y su contrario, la locura, lo que nos pierde.

Es absurdo confundir las cosas y creer que una estatua dentro de un templo es la divinidad. Esto es una superstición que conviene a los que guardan el templo y se dicen intermediarios con la divinidad, es decir, los sacerdotes. A estos les conviene que la gente crea de ese modo para poder tener un poco de poder y además, es una forma de vivir.

Dios está en el interior de cada ser humano, en la parte más elevada, en la razón. La razón es más que la inteligencia práctica, es el pensamiento superior o espíritu. La realidad espiritual es como una energía luminosa radiante de amor y de felicidad. Es ese mundo que Platón ubicó fuera de la caverna, lleno de belleza y de bondad.

La mayoría de los humanos no accedemos a este mundo espiritual, habitamos en la oscuridad de la caverna. Cuando lo hacemos, guiados por alguien que ya ha salido y se ha desarrollado plenamente, sentimos que nos estábamos perdiendo lo más importante. Quien conoce el espíritu le cuesta bajar y todo queda transfigurado.

Conocer al Dios interior conlleva una purificación y un aumento de la bondad, que se expresa en actos de benevolencia hacia los demás. Se transforma en emisario del Bien y del Amor. A partir de entonces ya no le apetece la satisfacción de los impulsos básicos, se vuelve menos egoísta y menos violento. También consigue superar el miedo y la inseguridad que van ligados al egoísmo.

Descubrir al Dios interior significa ser ese Dios, divinizarse, vivir de otra manera, como un sabio o un santo. Es un proceso de liberación y de desprendimiento de todo lo superfluo para alcanzar lo esencial. Los bienes externos ya no son lo más importante ni lo que nos procura felicidad. Tampoco dependemos de los demás sino que nos volvemos independientes y, en la medida de lo humano, invulnerables.

El desarrollo de lo espiritual nos permite ver el mundo de otro modo, mucho más desprendidamente y sin los errores que introduce la mente parcial. Todo lo que sucede le parece al ser humano espiritual perfecto, incluso lo que nos perjudica, y por lo mismo, acepta y afirma todo lo que pasa y tal como pasa. Además, aprovecha todo para su perfeccionamiento, incluso las adversidades.

La filosofía de todos los tiempos es enemiga de las supersticiones y aquí vemos un buen ejemplo de esto. Lo que este pensador llama "cordura" es precisamente eso, lo contrario de las supersticiones. El temple filosófico es enemigo de las ilusiones fanáticas; es sobrio también en este conformarse con la facultad racional, sin echar mano de las fantasías que todo lo enturbian.

Pensando y haciendo

1)	¿Qué diferencia hay entre un Dios externo y otro interno?

2)	¿Cómo podemos descubrir este Dios interior y desarrollarlo?

3)	¿Cuáles son los signos externos de un ser humano espiritual?

4)	¿A quién favorecen las supersticiones?

5)	¿Por qué el ser espiritual acepta todo lo que pasa y lo aprovecha?

¿Qué piensa Epicteto sobre las opiniones humanas?

 picteto nos dice en su *Manual*: *Lo que inquieta a los hombres no son las cosas, sino las opiniones acerca de las cosas. Por ejemplo: la muerte no es un mal, pues si lo fuera, también a Sócrates le hubiera parecido un mal. Pero el mal es precisamente lo que se piensa acerca de la muerte, cuando decimos de ella que es un mal. Por consiguiente, cuando nos sentimos inquietos, turbados, llenos de confusión, no debemos echar la culpa a nadie, nada más que a nosotros; la culpa es de nuestra manera de pensar.* (En *Marías*, vol. 1, op. cit. p. 205).

Comprensión

Somos libres, es decir, dueños y responsables de nuestros actos. Por lo mismo, no podemos culpar a nadie de lo que hacemos, pues depende de nosotros. La felicidad depende de lo que nosotros decidamos y hagamos, no de la suerte o de causas externas.

Hay cosas que no dependen de nosotros, como el cuerpo, los bienes externos, la reputación y todo aquello que nos es extraño. Para Epicteto, estas cosas nos estorban, pues nos son ajenas y nada podemos hacer para conservarlas siempre. Tampoco debemos vanagloriarnos de cosas que no dependen de nosotros, como la belleza física. Lo único meritorio es aquello que hacemos libremente.

Lo que consideramos malo es una opinión nuestra, pues en sí, independientes de nuestro juicio, las cosas son neutras. La muerte, temida y odiada como un mal, puede ser buena para alguien, por ejemplo para Sócrates, por lo tanto, la valoración depende del sujeto que juzga. Para un enfermo terminal que sufre, es una liberación.

Las personas que temen a la muerte y son desgraciadas porque se saben finitas son responsables de su desgracia, pues en ellas está el cambiar de opinión. Culpar a otros o a algo ajeno de su desgracia es el producto de la ignorancia, de no saber que eso depende de ellas.

Por lo mismo, es muy importante reconocer nuestra responsabilidad respecto de lo que nos pasa. Sin embargo, el más sabio tampoco se culpa a sí mismo, pues comprende que la responsabilidad no es una carga, sino una conquista.

Por otro lado, muy pocas cosas dependen de nosotros y ocurren según nuestros deseos y necesidades. Como nada podemos frente a todo esto que es independiente de nuestra voluntad, lo mejor es aceptarlo y desear que se produzcan así. Esto se puede expresar diciendo que elegimos lo que es necesario y de ese modo también somos libres. El sabio se conforma resignadamente con el destino, pues sabe que es inútil la resistencia.

Este pensador nos invita a no depender de nada externo ni a poner el daño o la ventaja fuera de nosotros mismos. No le importan las alabanzas ni las censuras y todo lo que desea lo hace con moderación y tranquilidad.

Lo importante no son los hechos, sino las interpretaciones que de los mismos hagamos. Somos los dadores de sentido y, por lo mismo, todo está en nuestras manos. Los humanos poco o mal educados, que son la gran mayoría, tienen multitud de prejuicios que confunden y llenan de errores la vida humana. Nada es tan importante como revisar y superar esos juicios equivocados, ordenar nuestros pensamientos, establecer una jerarquía de valores y guiar nuestra conducta por ellos.

Pensando y haciendo

1) ¿Cómo podemos saber qué cosas dependen de nosotros y cuáles no?

2) Si no son las cosas sino las opiniones que nos hacemos de ellas las que nos inquietan, ¿cómo podemos formar opiniones que nos sirvan para ser felices?

3) ¿De qué es de lo que podemos vanagloriarnos con justicia y por qué razón?

4) Si hay un destino y lo aceptamos con resignación, ¿qué lugar queda para la libertad?

¿Qué piensa Marco Aurelio sobre la libertad y la muerte?

ice el emperador y filósofo Marco Aurelio en *Pensamientos: La Filosofía atiende a que nuestro espíritu interior se conserve libre de menoscabos y de ultrajes; más fuerte que el dolor y el placer, se cuida de que no haga nada a la ventura, ni con engaño ni con hipocresía, y no esté pendiente de lo que otro hace o no hace; se esfuerza por que acepte su parte y su destino como lo que viene del mismo lugar de donde él viene y sobre todo por que espere a la muerte con voluntad propicia, no siendo como es otra cosa que la disgregación de los elementos de que todos los seres mortales están compuestos.* (En *Marías,* vol 1, op. cit. p. 209).

Comprensión

Para este filósofo, la filosofía es el saber que nos ayuda a ser felices y a superar nuestras grandes deficiencias. La vida humana sin filosofía es algo fluyente, una guerra constante, como un sueño que pronto se olvida. Es la gran sabiduría práctica sin la cual no hay vida plena.

Gracias a la filosofía nos elevamos por encima de los vaivenes entre el dolor y el placer, de la tristeza y la alegría y nos hace estables, independientes de las venturas o desventuras que puedan sucedernos. Esta *autarquía* fue muy valorada por los filósofos antiguos.

La mayoría de los humanos carecen de filosofía y por eso están pendientes de lo que hacen y dicen los demás. El sabio, en cambio, se rige por sus propias ideas y valores y se mantiene firme en sus convicciones y principios. Es lo contrario de una veleta que cambia según la dirección del viento.

El que vive la filosofía acepta el destino, lo que no podemos cambiar, por ejemplo el hecho de que vamos a morir, que envejecemos, que somos vulnerables, que podemos enfermar o perder a nuestros seres más queridos. Recibe estas fatalidades con voluntad propicia pues forman parte de la Naturaleza.

No separarse de la Naturaleza, verse como una parte del todo, es algo muy importante de esta sabiduría estoica. Obrar de acuerdo a la Naturaleza, en el caso del ser humano es conducirse por la razón.

El todo es algo ordenado y cuanto sucede está conectado con todo lo demás y nada puede ser separado de este todo o universo. Si pido una excepción es como pedir que el todo sea distinto.

Para este pensador el ser humano sabio debe ser como una roca firme al que las variables olas no inmutan. Los contratiempos no lo abaten ni afligen, sino que los utiliza para sobreponerse y los sabe llevar con nobleza.

Formar un carácter libre y firme es la gran tarea de la educación y como las instituciones escolares poco hacen en este sentido, debemos encargarnos nosotros, cada cual, de hacerlo. Quien lo consiga, alcanzará la serenidad y toda la felicidad posible para un ser humano.

Pensando y haciendo

1) ¿Cuáles son las ventajas de una vida con filosofía sobre otra carente de ella?

2) ¿Cómo concibe este pensador la muerte? ¿Es algo temible y antinatural?

3) Si todo está entrelazado de modo armónico, ¿es legítimo pedir que no nos suceda algo que tiene que pasar?

4) Si bien no podemos evitar que nos sucedan desventuras, sin embargo, ¿cómo podemos afrontarlas?

5) Averigua sobre la vida de este curioso emperador filósofo.

6) ¿Sabes si ha habido algún otro gobernante filósofo en la historia humana? ¿Quién fue?

¿Qué piensa Marco Aurelio sobre cómo hay que vivir?

 os dice Marco Aurelio: *Poco es lo que te queda de vida. Vive como en una montaña: aquí o allí, no hay diferencia ninguna, si en todos los rincones del mundo se vive como en una ciudad. Que los hombres te vean y te reconozcan como al hombre verídico que vive según la Naturaleza. Y si no pueden sufrirlo, que te den la muerte. Es preferible a vivir así.* (En op. cit. p. 212).

Comprensión

Podemos apreciar en este párrafo el talante cosmopolita de este emperador viajero que combatió en las fronteras y murió lejos de su hogar. Lo importante no es tanto vivir en un lugar determinado cuanto vivir bien, es decir, verídicamente, de acuerdo a la Naturaleza.

Para Demócrito, otro sabio griego, la patria del sabio es el mundo entero y, sobre todo es la filosofía, ese ámbito espiritual que constituye nuestra auténtica realidad. Marco Aurelio, por su parte, afirmaba que Asia y Europa eran como un rincón del mundo, el mar una gota en el universo y el monte Atos un montón de tierra, pues "todo es pequeño, cambiante y perecedero".

A pesar de lo cambiante de la vida y del carácter aparente de todo lo que nos rodea, hay algo que se mantiene incólume: vivir como los dioses. Esto significa estar conforme con el destino, con lo que es necesario que sea así y que está ordenado por la naturaleza o razón.

También este filósofo nos recomienda la simplicidad, la modestia y la indiferencia por todo aquello que no es vicio ni virtud, pues al primero hay que rechazarlo y al segundo amarlo. Es esto lo que nos ordena la razón, que es lo mismo que Dios o la Naturaleza.

Este pensador nos transmite un espíritu de libertad y de desprendimiento, para el que lo importante no es el lugar donde vives ni las cosas que estima la mayoría, sino la auténtica sabiduría. El sabio se muestra imperturbable frente a las contrariedades, pero no por eso deja de combatir.

El estoico es orgulloso y prefiere no vivir a llevar una vida indigna de un sabio. Ni el temor ni la esperanza deben empañar la alegría de quien sabe que todo está bien. De aquí se deriva una aceptación de todo y un amor a todo lo que sucede.

La fama, las riquezas y los placeres le parecen vanas ilusiones que no deben engañarnos. La muerte es un accidente de la Naturaleza y no debe ser temida pues es el camino por el cual el ser humano se reencuentra con la Naturaleza o Dios.

Vemos una vez más cómo la filosofía es una escuela de sobriedad y de sensatez, mediante la cual aprendemos a vivir con poco de lo material y a morir con serenidad. También hay filósofos que, frente al estoicismo, nos invitan a una mayor alegría y sensualidad, como veremos más adelante.

Cualquier lugar es propicio para vivir, siempre que haya otros humanos libres y sensatos. Con ellos podremos compartir unas leyes y unos valores fundamentales que nos permitirán buscar juntos una vida buena. No hacen falta grandes riquezas ni exceso de bienes superfluos, sino lo mínimo para llevar una vida sencilla y abierta a lo superior. Tiempo y cultura son más importantes que los bienes materiales, pues con ellos podemos cultivar la parte de nuestra persona que nos hará más felices. Siempre concluimos en lo mismo: lo más importante es la educación.

Pensando y haciendo

1) Haz un dibujo del emperador y filósofo tal como te lo imaginas.

2) ¿Qué es el cosmopolitismo? ¿A qué se opone?

3) ¿Por qué este pensador habla de Dios o la Naturaleza? ¿A qué se refiere?

4) ¿En qué consiste vivir de acuerdo con la Naturaleza? Describe una vida así.

¿Qué es para Sexto Empírico la imperturbabilidad?

exto Empírico nos dice en *Hipotiposis pirrónicas*: *El principio causal de la filosofía escéptica decimos que es la esperanza de alcanzar la imperturbabilidad, pues los hombres de naturaleza noble, turbados por la anomalía que hay en las cosas y no sabiendo a cuáles de ellas se debe asentir preferentemente, vienen a investigar qué es verdadero en las cosas y qué falso con la intención de alcanzar la imperturbabilidad por este discernimiento. Pero el principio constitutivo de la filosofía escéptica es, ante todo, el hecho de que a toda razón se opone otra razón equivalente; esto es, en efecto, lo que, a nuestro parecer, nos lleva a no dogmatizar.* (En Marías, vol. 1, op. cit. p. 215).

Comprensión

El escepticismo se opone al dogmatismo. El dogmático afirma ciertas verdades de modo definitivo, mientras que el escéptico duda que sean verdades absolutas y se abstiene de afirmaciones concluyentes. Esta abstención trae como inmediata consecuencia la imperturbabilidad.

Los escépticos no saben nada ciertamente y, por lo mismo, no tienen opiniones que puedan turbar el ánimo. Por ejemplo, si alguien opina que la muerte es mala y temible, el escéptico duda de esta opinión y no se inquieta. Si otro tiene frío o sed y además piensa que estas vicisitudes son malas por naturaleza, sufrirá mucho, mientras que el escéptico, al moderar las pasiones y al suprimir esa opinión, no sufrirá más que lo indispensable.

Para los escépticos toda afirmación tiene su contraria y ambas pueden ser verdaderas, pero cuál de ellas es la verdad no lo podemos saber. Si esto es así, no es posible dogmatizar ni imponer a nadie esa supuesta verdad. Como no podemos saber nada ciertamente, nos abstenemos y esta abstención trae como consecuencia la no preocupación, es decir, la no turbación o imperturbabilidad.

Quien no se turba, está tranquilo. Hay algunas cosas que sí perturban esa tranquilidad y que este pensador llama "forzosas", es decir que no pueden dejar de perturbarnos. Se refiere a las pasiones, como el hambre o la sed, que no dependen de una opinión, sino que por nuestra naturaleza tenemos necesidad de satisfacer. Como remedio frente a estas necesidades inevitables, nos propone este sabio escéptico la moderación, con el fin de rebajar su presión.

El gran cometido de este pensador es alcanzar esa tranquilidad del alma que también perseguían los estoicos. Al no haber seguridad de nada, sería torpe alterarse por algo incierto. Cuentan del maestro de los escépticos, Pirrón, que yendo en un barco se desató una feroz tormenta. Todos los pasajeros entraron en estado de pánico, salvo nuestro héroe quien señalando a unos cerdos que seguían comiendo imperturbables dijo que esos animales ignorantes eran los más sabios.

No confundamos la imperturbabilidad con la insensibilidad ante el dolor de los demás o el propio. Es frente a lo inevitable que debemos procurar no alterarnos más de lo conveniente, pero no frente a eso que podemos o debemos cambiar, como es el sufrimiento evitable.

El verdadero escéptico duda y jamás dogmatiza. Sin embargo, esto no le lleva a la indiferencia, pero tampoco al fanatismo. Tiene un espíritu flexible, siempre dispuesto a ponerse en el lugar del otro, relativizando y sospechando de toda aseveración tajante y definitiva. El buen escéptico duda también de su propio escepticismo.

Pensando y haciendo

1)   ¿Qué piensas de la imperturbabilidad? ¿Por qué fue tan estimada por los antiguos?

2)   Explica con tus palabras por qué razón la imperturbabilidad se deriva de la abstención del juicio?

¿Qué piensa Montaigne de la benevolencia?

l filósofo del Renacimiento, Michel de Montaigne, nos dice en sus *Ensayos*: *...sí es verdad que existe un cierto respeto y un deber general de humanidad que nos liga no sólo a los animales que tienen vida y sensibilidad, sino incluso a los árboles y a las plantas. Debemos a los hombres la justicia, y la gracia y la benevolencia a las otras criaturas que puedan ser capaces de ellas. Hay cierto trato entre ellos y nosotros y cierta obligación mutua. No me avergüenzo de reconocer la ternura de mi pueril naturaleza que no puede rechazar fácilmente a mi perro las fiestas que me pide o que me ofrece en momento inoportuno...* (En *Ensayos II*, Cátedra, Madrid, 1993, p. 130).

Comprensión

En este delicioso párrafo de este gran escritor y pensador que fue Montaigne, nos habla de los deberes de humanidad hacia los animales. Además, extiende esta consideración a la naturaleza toda, a las plantas y a los árboles.

A pesar de que en su época no había el gran problema ecológico que hoy tenemos y, por lo mismo, la conciencia ecológica, apreciamos en este filósofo una preocupación que debería ser la nuestra.

Somos parte de la Vida y de la Materia cósmica, estamos vinculados a todo cuanto existe, como una célula de un cuerpo al todo al que pertenece. Si nos separamos de ese gran organismo del que formamos parte, perderemos las raíces y nos secaremos.

Con los animales superiores hay cierto trato y, por lo tanto, obligaciones. Nos habla de gracia y benevolencia hacia las criaturas que sean capaces de recibirlas, es decir, de hacerles todo el bien que podamos, de protegerlas y de cuidarlas.

Muestra el escritor su sensibilidad, a la que llama "pueril naturaleza", cuando nos dice que no puede evitar festejar a su perro que le reclama en momentos inoportunos esas caricias. Muchas personas dedican tiempo y dinero a proteger a los animales, a alimentarlos y a curarlos.

Para este pensador nada es más terrible que la crueldad, vicio al que odiaba rotundamente y al que consideraba el peor. Nos recomienda evitarla y luchar contra ella. Por el contrario, siente una gran compasión por todos los seres sensibles que sufren y un deseo de socorrerles en ese padecimiento.

Siempre que podamos evitar el sufrimiento de un humano, animal o planta, así como del conjunto de la tierra, vista como el nicho ecológico en el que vivimos, como nuestra madre, debemos hacerlo.

Con este autor experimentamos una nueva sensibilidad, más humana y cercana a nosotros. La compasión como sentimiento común a todos los humanos y por el cual sufrimos con el dolor ajeno se extiende a todos los seres sensibles del universo. Así entendida, esta pasión nos llevará a socorrer en la medida de nuestras posibilidades a cualquier ser vivo que sufra. En este sentido no es una pasión triste, sino muy útil para la vida.

La benevolencia natural y además aprendida por educación es la base de una convivencia armónica con el universo. La crueldad es siempre mala y debemos erradicarla de nuestra vida. Hasta en las guerras hay códigos de honor que nos impiden hacer daño inútilmente.

Pensando y haciendo

1)   ¿Piensas tú que tenemos deberes para con los animales? ¿En qué razón basas tu respuesta?

2)   Haz una lista de acciones humanas en las que se vea la crueldad hacia los animales.

3)   ¿Cómo piensas tú que se puede evitar la crueldad de los humanos hacia otros humanos o hacia animales?

4)   La compasión es una afección que nos entristece con el dolor ajeno, ¿qué utilidad puede tener para evitar la crueldad?

¿Qué piensa Montaigne del destino?

os dice Montaigne en sus *Ensayos: En cualquier peligro pienso menos en cómo escapar que en cuán poco importa que escape. Y si allí quedara, ¿qué ocurriría? Al no poder dirigir los acontecimientos, diríjome a mí mismo, y a ellos me acomodo si ellos no se acomodan a mí. No tengo arte alguno para evitar el destino y escapar de él o violentarlo, ni para llevar y conducir las cosas mediante la prudencia según mi conveniencia. Tengo aún menos tolerancia para soportar el cuidado difícil y penoso que es menester para ello. Y la situación más penosa para mí es hallarme indeciso en cosas que urgen y agitado por el temor y la esperanza... El horror a la caída me produce más fiebre que el golpe. No es para tanto la cosa. Sufre más el avaro con su pasión que el pobre, y el celoso que el cornudo.* (En op. cit. p. 392).

Comprensión

En la primera frase nos dice que poco importa escapar o no a un peligro, pues el yo es insignificante, a pesar de cada uno cree que es el centro del mundo. En realidad, poco importamos en el conjunto del universo. El egocentrismo es una ilusión y, como tal, falsa. Nada pasaría si yo, o cualquiera muriésemos. Al quitarle importancia al ego nos relajamos, pues sabemos que la vida seguirá su curso. Esta es una sabia manera de soportar el hecho inevitable de la muerte, un paso hacia el desprendimiento y la liberación. Se parece a las filosofías orientales que promueven el Nirvana o supresión del yo.

Cuando dice que no puede cambiar los acontecimientos y que por eso, se cambia a sí mismo, coincide con los estoicos que ya hemos leído. Es la aceptación del destino o de lo que es necesario, medida muy sabia para no chocar contra un muro inamovible. La libertad humana sólo tiene que ver con nuestra capacidad de acción y con la forma cómo asumimos lo que no podemos cambiar. Por ejemplo, la muerte es algo que no podemos evitar, pero sí podemos interpretar de diferentes modos y ahí es donde somos libres.

Al final, nos dice que lo peor es la indecisión, el temor y la esperanza. El miedo viene cuando no somos libres y creemos que lo externo nos determina, cuando todo depende de nosotros mismos. También la esperanza nos llena de miedo, pues esperamos que la suerte nos favorezca, mientras que lo que nos sucede es lo que hemos buscado y elegido.

Lo peor que nos puede suceder es tener miedo, pues lo que tememos "no es para tanto". Afrontemos la realidad sin escapismos, y así dejaremos de temer y de esperar. Lo mejor para vencer el miedo a la oscuridad es permanecer en ella y constatar que no es tan terrible. Lo peor es el miedo y éste reside en nuestra mente.

Este gran maestro de sabiduría práctica nos ayuda a vivir mejor y nos lo podemos imaginar en su torre llena de libros en la provincia francesa aplicando toda su prudencia en la vida cotidiana. Supo complementar lo mejor del epicureismo, del estoicismo y del escepticismo. Además, y no es poca cosa, tuvo un excelente humor y lo aplicó a los asuntos más serios.

Pensando y haciendo

1)   Haz un retrato de ti mismo, tanto en lo físico como en lo mental.

2)   ¿Piensas tú que luchar contra el destino o lo inevitable tiene algún sentido?

3)   ¿Qué pasa cuando estamos sometidos al miedo y a la esperanza?

4)   ¿Cómo podemos vencer el miedo?

¿Qué pensaba Montaigne sobre la educación?

 os dice Montaigne: *De buen grado vuelvo a esa idea de la inepcia de nuestra educación. Ha tenido como fin hacernos no buenos y sensatos, sino cultos: lo ha conseguido. No nos ha enseñado a perseguir y a abrazar la virtud y la prudencia, sino que nos ha grabado la derivación y la etimología. Sabemos declinar virtud aunque no sepamos amarla; si no sabemos lo que es la prudencia en la realidad y la experiencia, lo sabemos por definición y de memoria... Una buena educación cambia el juicio y las costumbres... (En* op. cit. *p. 411).*

Comprensión

Casi nada de lo que estudiamos sirve para hacernos mejores y para tener una personalidad bien estructurada, equilibrada y sensata. Lo verdaderamente importante no se enseña en las escuelas ni tampoco en los hogares, por lo que tenemos que improvisar y equivocarnos permanentemente. Los errores producen sufrimientos sin fin y muchas veces nos llevan a la desesperación.

Un carácter bien educado es el del virtuoso y prudente, muy difícil de encontrar entre los seres humanos considerados normales. Muchas veces sabemos con el intelecto pero no con toda la personalidad, por lo que no procedemos en consecuencia. Nos cuesta mucho cambiar, permanecemos aferrados a costumbres y a esquemas fijos.

Para poder cambiar hace falta un arduo proceso educativo y la ayuda de un guía que esté educado, con capacidad para mover y ordenar nuestra energía psíquica. Lo difícil es encontrar a ese maestro, identificar nuestros fallos y estar dispuesto a cambiar.

No es la suerte la que nos lleva a ese cambio, sino el esfuerzo sincero y perseverante, una férrea disciplina que cree el hábito de la virtud. La acción virtuosa es la propia de un carácter noble, el cual, a su vez, se hace con esas acciones.

Cada uno es responsable de lo que es y de cómo actúa. Somos autodidactas, es decir, nuestros propios educadores. Nos podemos ayudar de las aportaciones que los grandes espíritus de la historia humana nos han ofrecido pero, en última instancia, todo depende de nosotros mismos.

Las instituciones de enseñanza no educan de verdad y los educadores no están educados; esta es la tragedia de la humanidad.

Por el momento, para no caer en la desesperación, conviene que seamos nuestros propios maestros y rompamos así el círculo vicioso de la ignorancia. Autodidactas, debemos procurar formar bien nuestro carácter y no acumular una vana erudición. Nada es tan importante como ser los autores de nuestra propia obra, nuestra existencia. Así, seremos los artistas creadores de nuestra personalidad y de todo lo que hagamos en el mundo.

Pensando y haciendo

1)   ¿Piensas que la educación que tú recibes es la adecuada para forjar un carácter virtuoso y feliz?

2)   Describe en qué consiste esa educación y qué le falta para ser la mejor.

3)   ¿Qué maestros verdaderos tienes o has tenido? Descríbelos.

4)   Haz una descripción de tu carácter, señalando los aciertos y los defectos.

¿Qué piensa Montaigne de la cólera?

Nos dice Montaigne: *No hay pasión que destruya tanto la sinceridad de los juicios como la cólera. Nadie dudaría en condenar a muerte al juez que, por cólera, hubiera condenado al reo; ¿por qué en cambio está permitido a los padres y a los maestros azotar a los niños y castigarlos cuando están airados? No se trata de correctivo sino de venganza. El castigo actúa de medicina para los niños: y ¿soportaríamos acaso a un médico que estuviese animado y enfadado contra su paciente?... Mientras nos palpite el pulso y sintamos emoción, aplacemos el asunto; las cosas nos parecerán muy otras en verdad, cuando estemos calmados y tranquilos; es la pasión la que manda entonces, es la pasión la que habla, no nosotros.* (En op. cit. p. 470).

Comprensión

Aquí vemos un ejemplo de prudencia: no actuar bajo el efecto de la cólera, pues es imposible acertar bajo el imperio de esa pasión. Las acciones correctas son las que salen de la reflexión serena. Los arrebatos nos pierden, por lo que debemos controlarlos mediante la razón.

También nos dice este filósofo que el castigo puede tener un uso correctivo pero no es legítimo como venganza. Quien se venga está bajo el efecto del odio y no razona bien. Si un padre o maestro castiga a un niño y lo hace con la convicción de que es por su bien y lo aplica con plena conciencia y amor, entonces, el castigo es una medicina.

Desgraciadamente, la mayoría de los humanos nos sometemos a las pasiones en lugar de dominarlas y por eso nuestras vidas están llenas de errores y de sufrimientos. Para poder controlar las pasiones hay que ejercitar mucho la voluntad, el autodominio y la prudencia.

El autodominio no es sinónimo de represión, pues ésta en lugar de dominar, somete con violencia y la pasión se vuelve contra la persona. Por eso, todos los sabios recomiendan no la lucha y la erradicación de las pasiones, sino su adecuada domesticación y buen uso.

Es muy lamentable el espectáculo de alguien poseído por una pasión como la cólera. Cuando reflexionamos, ya no es la pasión, sino la acción voluntaria la que me guía. Es virtuoso el que actúa, no el que padece ciegamente.

Un carácter débil es el que se deja dominar por las pasiones, pues carece de fuerza para imponerse y mandar. El filósofo nos aconseja no actuar mientras la pasión domine, pues es seguro que nos equivocaremos y luego vendrá el arrepentimiento y el sufrimiento que éste implica.

Bajo las pasiones se deforma la realidad. Sólo una razón serena puede juzgar bien. Esperemos entonces a que la razón nos guíe, a que la pasión haya cedido su fuerza. Las pasiones son lo contrario de las acciones y, por lo mismo, nos impiden ser libres. Sólo en la medida en que consigamos utilizar su fuerza en provecho de nuestras decisiones podremos actuar bien. Así, la pasión se vuelve acción. No podemos eliminarlas, sino domarlas y servirnos de ellas.

Pensando y haciendo

1) Describe el comportamiento de una persona rabiosa.

2) Describe otras pasiones y sus conductas.

3) ¿Piensas que el castigo puede ser un remedio aconsejable?

4) ¿Cómo podemos fortalecer la voluntad para que utilice a las pasiones en su beneficio?

¿Qué piensa Montaigne sobre el mal humor?

os dice Montaigne: *Odio los espíritus huraños y tristes que no tienen en cuenta los placeres de su vida y se aferran a las desgracias alimentándose de ellas; como las moscas que no pueden sostenerse contra un cuerpo bien pulido y liso y se pegan a los lugares escabrosos y ásperos para descansar en ellos; y como las ventosas que sólo aspiran y absorben la mala sangre.* (En op. cit. pp. 74-75).

Comprensión

En este bello texto el filósofo francés opta por una vida alegre y se muestra partidario de los placeres; rechaza, por otro lado, la tristeza a la que son adictos ciertos espíritus enfermos.

La alegría es el contento de estar vivo, el goce de existir que incluye el dolor como la otra cara de la moneda. Si amamos la vida tenemos que aceptar y amar su sombra, la muerte y todo lo que la anticipa: la enfermedad, el envejecimiento, el fracaso, el aburrimiento...

La filosofía más auténtica nos invita a estar alegres, a decir sí a la vida de modo incondicional y a combatir radicalmente todo aquello que puede entristecernos o que nos hace renegar de la vida y preferir no haber nacido.

La personas que se aferran a las desgracias y se resisten a superarlas, o que peor aún, se alimentan de ellas, y son la mayoría de los humanos, padecen una enfermedad existencial que algunos llaman "depresión".

Montaigne, y muchos otros filósofos, piensan que hay que salir de este planteamiento negativo, debilitante y muchas veces producto del resentimiento. El punto de partida debe ser, por el contrario, la afirmación sin condiciones de la vida y la aceptación del todo, que incluye lo negativo.

Si sólo aceptamos lo que llamamos "bueno" y rechazamos lo "malo", no comprendemos que no hay una cosa sin lo otro, que ambos aspectos de lo real son necesarios y que las sombras contribuyen a resaltar las luces.

Este filósofo coincide con Epicuro en considerar que los placeres son buenos y que debemos aprender a usarlos para obtener el máximo goce. La templanza y la moderación deben, ellas también, ser moderadas, con el fin de no quitarle a la vida lo que tiene de alegre y delicioso.

Montaigne nos ofrece un rostro más amable del filósofo, pues no exagera en las exigencias ni en la necesidad de ir contra nuestra propia sensibilidad. Reúne en su pensamiento a los opuestos en una síntesis que dista mucho de ser un eclecticismo artificioso.

El buen humor y la alegría deben ser cualidades de todo verdadero filósofo y la prueba de que aplican la sabiduría en la vida práctica. Son síntomas indudables de fuerza y de lucidez.

Pensando y haciendo

1)   Indaga en ti mismo y di si eres triste o alegre. Justifica tu elección.

2)   ¿Por qué ciertas personas no quieren abandonar sus desgracias y se alimentan de ellas? Haz un análisis psicológico que explique esta aberración.

3)   ¿Qué remedio le darías a un pesimista negativo para que saliera de su posición?

4)   ¿Por qué la moderación conviene que sea, a su vez, moderada?

¿Qué piensa Al-farabi sobre los placeres?

 l filósofo árabe Al-Farabi nos dice en *El camino de la felicidad: Hacer lo feo se convierte en fácil para nosotros por causa del placer que, según creemos, nos afecta por el hecho de hacerlo y evitamos lo bello cuando creemos que por él nos afectará un daño, puesto que pensamos que el placer es el fin de toda acción, pues sólo buscamos eso en todo lo que hacemos. Algunos placeres pertenecen a lo sensible, como los placeres que dependen de lo que se oye, de lo que se ve, de lo que se gusta, de lo que se toca y de lo que se huele. Otros dependen del concepto, como los placeres que dependen del gobernar, del ejercer el poder, del dominar, de la ciencia y de otras cosas semejantes. En la mayoría de los placeres, nosotros siempre tendemos hacia aquellos que pertenecen a lo sensible, pues creemos que son el fin de la vida y la perfección del vivir por pretenderlos desde el comienzo de nuestra existencia.* (Trotta, Madrid, 2002, pp.60-61).

Comprensión

El ser humano es el escenario de una contradicción: su ser natural, animal, y su ser moral, espiritual. Estas dos realidades están igualmente presentes en nosotros, pero poseen intereses contradictorios, por lo que vivimos desgarrados.

Somos una especie reciente, y hemos aparecido sobre la tierra, del tronco animal, hace apenas unos milenios. Esto explica la fuerza que lo animal, el egoísmo, el afán de dominio, las tendencias placenteras, posee en nuestra vida. Pero con el advenimiento de la conciencia y del pensamiento superior, han surgido ámbitos nuevos que nos llaman al altruísmo, a la justicia y a la templanza. Nuestra doble naturaleza nos empuja en direcciones opuestas y solemos estar desgarrados por deseos irreconciliables.

Este filósofo árabe que sigue a Aristóteles, nos recomienda superar lo sensible por lo espiritual. Para conseguirlo, tenemos que saber que no todo placer corpóreo es siempre lo mejor, pues hay placeres del concepto, es decir, intelectuales, que son preferibles. Además, algunos placeres sensibles van seguidos de dolor y, por lo tanto, es conveniente rechazarlos.

Es la reflexión recta y profunda la que debe llevarnos a rechazar ciertos placeres y a preferir otros o a preferir incluso ciertos dolores que, a la larga, nos producirán mayor felicidad. Aparte de reflexión, hace falta una poderosa decisión para hacer lo que nuestro pensamiento nos indica. La libertad consiste en la unión de entendimiento y voluntad para llevar una vida buena. Si nos falta alguna de estas facultades, caemos en la servidumbre.

Por todo lo anterior, lo más importante es poseer un excelente discernimiento y lo entiende como "aquello por lo que poseemos y adquirimos los conocimientos de todas las cosas que el hombre ha de conocer". El conocimiento de las conductas buenas, justas y piadosas es un arte que persigue lo bello y lo útil.

Pensando y haciendo

1)   ¿Cuál es la dificultad que nos impide ser virtuosos por naturaleza?

2)   Da ejemplos de placeres que no sean bellos y que estén seguidos de dolor?

3)   Haz una lista de placeres sensibles y de placeres espirituales.

4)   ¿Cómo podemos desarrollar la reflexión y la voluntad?

¿Qué piensa Spinoza sobre los que piensan en la muerte?

pinoza nos dice en su *Ética*: *Un hombre libre en nada piensa menos que en la muerte, y su sabiduría no es una meditación de la muerte, sino de la vida.* (En *Ética*, Alianza Editorial, Madrid, 1987, p. 320).

Comprensión

Para este gran filósofo lo más importante es vivir con sabiduría, con alegría, sin tristeza, desarrollando al máximo la potencia de actuar y perfeccionando nuestro ser.

Libre es para este pensador el ser humano que se guía por la razón, que conoce adecuadamente las causas de las cosas y que comprende porqué suceden así. Este ser humano no se deja llevar por el miedo a la muerte, pues comprende que si hay vida tiene que haber muerte, son correlativos y, además, no cae en ninguna superstición sobre el más allá. Además, gracias a la muerte es que la vida cobra tan alto valor y son posibles el amor y la belleza.

Nos dice también que el hombre libre, sabio y alegre desea el bien directamente, y éste consiste en actuar, vivir o conservar su ser buscando la utilidad propia, es decir, lo contrario de la muerte.

Quien se guía por la razón conoce sus pasiones y las domina, actúa sobre ellas y, en esa medida, deja de padecer y de ser marioneta de los impulsos. Como pensaban Sócrates y Cristo, es por ignorancia que se actúa mal.

Para este pensador la virtud es el despliegue de la fuerza del ser humano, la que lo lleva a crecer, a ser más, a actuar más y mejor, a ser libre, a vencer el miedo, a superar la tristeza, a ser sabio y feliz.

El sabio procura el bien de los demás, es benevolente; posee fortaleza de ánimo para vencer los miedos y para evitar los peligros cuando es necesario, pues en algunos casos huir a tiempo puede revelar tanta firmeza como afrontarlos.

Los sabios son muy agradecidos y útiles a los demás, intentan prestar servicios y, en la medida de lo posible, evitan los beneficios de los ignorantes. Esto debido a que los ignorantes sirven a los demás para dominarlos, no para beneficiarlos.

El hombre libre, sabio y dichoso es firme y generoso, no odia a nadie, no envidia, no desprecia; por el contrario, ama y desea el bien para los demás. Sabe que el mal y el sufrimiento se derivan de la ignorancia, por lo que intenta conocer adecuadamente y estar alegre.

Por todo lo anterior, Spinoza piensa que nada es más útil a un ser humano, que otro ser humano que se rige por la razón, es decir, que conoce, es libre y virtuoso. Por el contrario, los que no son sabios, se dejan llevar por los afectos y están llenos de confusión, lo que los lleva a cometer toda suerte de errores.

La filosofía de este pensador, estricta y severa en su forma y en su fondo, es al mismo tiempo un canto a la vida. Este gran sabio debe ser nuestro educador en casi todo. Imaginémosle entre los canales de Ámsterdam o en su sobria vivienda mientras pule lentes, cerca de su capa agujereada por una cuchillada y que le servía como recuerdo de que pensar con libertad es siempre peligroso.

Este filósofo nos invita a la comprensión y al fomento de nuestro poder, lo que se traducirá en serenidad y alegría. No sabemos todo lo que podemos y por eso nos entregamos a poderes externos.

Pensando y haciendo

1)	¿Qué significa para ti "vivir según el dictamen de la razón"? Describe una vida así.

2)	¿Cómo consigue el sabio vencer el miedo a la muerte?

3)	¿Cómo se comporta el sabio con su prójimo?

4)	Para Spinoza hay una identidad entre sabio: libre: feliz, ¿por qué establece esta ecuación y cómo la justifica?

¿Qué piensa Spinoza sobre el método de la violencia?

 os dice Spinoza: *No son las armas las que vencen los ánimos, sino el amor y la generosidad.* (En *Ética*, op. cit. p. 330).

Comprensión

En esta hermosa frase contra la violencia y la guerra y a favor de la paz y de la concordia se resume la sabiduría de este pensador y coincide con los más grandes espíritus de todos los tiempos.

La mayoría de los humanos son envidiosos y odiosos y esto se debe a que no perfeccionan su entendimiento, a que son ignorantes. Por esta misma razón, se dejan dominar por los afectos y se muestran impotentes.

Cuando nos guiamos por la razón, no padecemos, actuamos y aquí reside la potencia del hombre. Las acciones son siempre buenas, pues se guían por la razón. Por lo mismo, hay que procurar conocer y así alcanzaremos la felicidad. Conocer no significa estudiar de memoria datos de los libros, sino profundizar en la verdadera enseñanza que nos libera.

Quien conoce de verdad concibe adecuadamente todas las cosas y a sí mismo. Nada puede ser más importante para uno mismo y para los demás que conocer y esto se consigue mediante la educación, por lo que nada es más importante que la educación verdadera.

Pero son muy escasos los humanos educados y la gran mayoría son caprichosos, envidiosos y vengativos. Pero no se trata de criticarlos o castigarlos, sino que lo que debemos procurar es enseñarles a ser virtuosos y fortalecerlos. Tampoco se trata de aborrecerlos y combatirlos, sino más bien soportarlos con serenidad y hacer todo lo posible para establecer la concordia.

El amor se propone mediante la moralidad y no a través del miedo. La moralidad se enseña y se practica, deriva del conocimiento y de la disponibilidad para el cambio. Ni el miedo, ni la vergüenza, ni la compasión son buenos métodos para hacer mejores a los humanos. Sólo la educación verdadera, el conocimiento cabal nos conduce a la auténtica moralidad. No es por la vía negativa, aborreciendo el vicio, ni por la coacción, castigando, por la que nos perfeccionaremos, sino comprendiendo que la virtud es la potencia del ser humano y lo que lo hace feliz.

Los seres humanos nos necesitamos y debemos ayudarnos unos a otros. Nos beneficiamos si contribuimos al verdadero bienestar de los demás, si aumentamos la alegría y disminuimos la tristeza. Estamos alegres cuando aumentamos la perfección, es decir, cuando somos más sabios y más libres, cuando superamos el miedo y la impotencia.

Las supersticiones, con el fin de dominar a los humanos, sostienen que lo mejor para ellos es la tristeza y la debilidad. Pero la filosofía nos dice lo contrario.

Este maravilloso judío que sufrió múltiples persecuciones y que no aceptó trabajar en las universidades para permanecer libre, sigue en lo fundamental a ese otro judío que funda el cristianismo.

El amor y la generosidad no siempre son suaves y dulces; algunas veces se expresan con cierta dureza y firmeza. Así, el amor en Gandhi lo llevó a luchar y a ser implacable al tiempo que impecable.

Pensando y hacienndo

1) Menciona algunos guías de la humanidad que digan lo mismo que Spinoza y expresa la forma en que lo dicen.

2) ¿Por qué piensas que los humanos rehuyen la felicidad que aporta la virtud y se hunden en el fango del vicio?

3) ¿Piensas que siempre es el amor y la generosidad el método de vencer los ánimos? ¿Qué dirías en el caso de Hitler?

4) ¿Cuándo y en qué casos se justificaría la violencia?

¿Qué piensa Spinoza sobre el dinero?

 os dice Spinoza: *(El vulgo) difícilmente pueden imaginar forma alguna de alegría que no vaya acompañada como causa por la idea de la moneda. Pero este vicio sólo lo tienen aquellos que buscan el dinero, no por indigencia ni para subvenir a sus necesidades, sino porque han aprendido las artes del lucro, de las que están enormemente orgullosos. Por lo demás, los tales dan al cuerpo su ración por simple rutina, pero con parquedad, pues creen perder sus bienes cuando gastan en la conservación de su cuerpo. Ahora bien, quienes conocen la verdadera utilidad del dinero, y acomodan sus riquezas sólo a sus necesidades, viven contentos con poco.* (En *Ética*, op. cit. p. 336).

Comprensión

En este importante párrafo, el filósofo nos habla sobre el sentido del dinero. Somos los humanos los que damos sentido a las cosas. En sí, el dinero es un trozo de materia, papel o metal, sin un sentido absoluto.

El vulgo es la gente sin educación, aquellos que no han podido acceder a valores elevados y se han quedado en los más elementales. Los valores superiores, espirituales, sólo son accesibles para unos pocos que han conseguido superar el nivel básico.

La gente primaria identifica la alegría y el dinero y creen que sólo las riquezas pueden hacerlos felices. Para nuestro filósofo, esta creencia es un vicio, es decir, lo contrario de una virtud y revela una falta de desarrollo personal.

El dinero es útil y por lo mismo, un bien. Sirve para cubrir las necesidades que todos los humanos tenemos. Sin dinero estamos incapacitados para sobrevivir y pasamos a ser indigentes. Los indigentes sufren muchas tribulaciones y muchas veces no pueden desarrollarse por falta de medios.

La mayoría de los humanos no utilizan el dinero para vivir adecuadamente, con todo lo necesario, sino que han aprendido las artes del lucro, es decir, quieren más de lo necesario, cosas innecesarias, lujosas y casi siempre inútiles.

El sabio sabe usar el dinero y sólo tienen lo que necesitan, es sobrio y austero. La alegría del sabio no proviene de tener muchas cosas, sino de su virtud, del conocimiento y "vive contento con poco".

También nos dice Spinoza que la gente vulgar suele ser avara y que se olvidan del verdadero cuidado del cuerpo. Están tan ávidos de poseer dinero y cosas que no tienen tiempo para cultivar su sensibilidad y desarrollar plenamente el goce de los sentidos.

La obsesión por poseer dinero y bienes materiales se ha convertido en nuestros días en una enfermedad llamada "consumismo". Los que caen en ese vicio quedan atrapados por las cosas y viven para ellas.

Pensando y haciendo

1) ¿Qué otras fuentes de alegría hay, aparte del dinero?

2) ¿Cuál es la forma correcta de utilizar las riquezas?

3) ¿Cómo piensas tú que hay que atender al cuerpo?

4) ¿Qué remedio propondrías para curar la enfermedad del consumismo?

¿Qué piensa Spinoza sobre lo que podemos hacer?

os dice el sabio Spinoza: *De todas maneras, la potencia humana es sumamente limitada, y la potencia de las causas exteriores la supera infinitamente. Por ello, no tenemos la potestad absoluta de amoldar según nuestra conveniencia las cosas exteriores a nosotros. Sin embargo, sobrellevaremos con serenidad los acontecimientos contrarios a las exigencias de la regla de nuestra utilidad, si somos conscientes de haber cumplido con nuestro deber, y de que nuestra potencia no ha sido lo bastante fuerte como para evitarlos, y de que somos una parte de la naturaleza total, cuyo orden seguimos.* (En *Ética*, op. cit. p. 337).

Comprensión

En este bello y sabio texto, nos dice Spinoza que el poder del ser humano es limitado, incluso muy pequeño si lo comparamos con el conjunto de lo real. Pensemos en las fuerzas cósmicas, en la pequeñez del sistema solar y de la Tierra, en comparación con el Todo. Como decía otro sabio, el ser humano es como una "cañita", es decir, algo muy frágil y débil.

Dada esta realidad, sería ridículo pretender forzar el curso de los acontecimientos con nuestro poder, que es tan pequeño. No nos queda otra alternativa que resignarnos frente a lo que sucede y que no podemos modificar, sobre todo si hemos hecho todo lo posible por conseguir lo que queríamos.

Para este pensador, los humanos formamos parte del todo y estamos bajo las leyes que lo rigen. La actitud correcta es la de seguir esas leyes, no de pretender cambiarlas o de que sean otras, incluso cuando nos perjudican o no las comprendemos. Debemos aceptar y afirmar el mundo así como es y estar contentos.

El sabio que comprende el mundo desea que todo sea tal como es. Esto no nos lleva a un quietismo en el que no emprendemos ninguna actividad o a una indiferencia en la que todo da igual. No, porque dentro de ese todo y de esa necesidad que rige el mundo está también la voluntad humana y sus intentos por cambiar ciertas cosas.

Ponerse de acuerdo con la naturaleza entera significa aceptar lo que hay tal como es, incluso llegar a amarlo y no pretender que todo sea diferente porque algo no nos conviene. El sabio parte de que todo es perfecto, aunque no podamos entender ni justificar muchas cosas.

Desear lo necesario quiere decir eso: que suponemos que el mundo no es obra del azar y, por lo mismo, absurdo, sino todo lo contrario, un orden con leyes que constituyen la perfección. Esta actitud favorable a todo es fuente de alegría y nos serena, pues nos damos cuenta de que no todo depende de nosotros.

Perfecto equilibrio entre libertad y destino, tema que pre-ocupó mucho a este pensador. La libertad es la conciencia de la necesidad, es decir, comprensión de lo que es.

Las fuerzas externas a nosotros pueden en determinados momentos aplastarnos, pero siempre nos queda el recurso del conocimiento y, de esa manera, de estar encima de las circunstancias. Si no somos capaces de eso, somos víctimas de fuerzas inhumanas y somos reducidos a una cosa entre las cosas.

Es mucho lo que podemos, pero nos hemos debilitado, cediendo nuestra fuerza, delegando en otros, subyugándonos voluntariamente a jefes de fila, como si temiéramos a nuestro poder y libertad.

Pensando y haciendo

1)   ¿En qué consiste el poder humano?

2)   Compara el poder humano con el de la naturaleza entera.

3)   ¿Qué actitud es más sensata: la rebelión contra lo inevitable o su aceptación?

4)   ¿La aceptación es sinónimo de indiferencia?

5)   ¿Por qué la aceptación de lo necesario produce serenidad?

¿Qué piensa Spinoza sobre cómo superar la tristeza?

os dice Spinoza: *En la medida en que entendemos las causas de la tristeza, deja ésta de ser una pasión, es decir, deja de ser tristeza; y así, en cuanto que entendemos a Dios como causa de la tristeza, nos alegramos.* (En *Ética*, op. cit. p. 357).

Comprensión

Si pudiéramos comprender el porqué de las cosas, nada nos parecería triste, pues veríamos su necesidad y su sentido. El problema es que la mente humana ve fragmentaria y equivocadamente las cosas.

El dolor y la tristeza son considerados males para los humanos, porque no vemos su sentido y su necesidad en el conjunto de los hechos del mundo y no lo vemos por nuestra limitada visión. Por eso Spinoza nos habla de tres grados de conocimiento y si subimos al tercer grado, que es el punto de vista de Dios, vemos que todo tiene sentido y es perfecto.

El punto de vista del espíritu es muy diferente y superior al de la mente humana. Ésta lo deforma todo con sus falsas interpretaciones, motivadas por el miedo, la esperanza, la culpa, la necesidad de sufrimiento y otros afectos que deforman lo real.

Por todo lo anterior, Spinoza nos recomienda, como método de salvación, dedicar todo nuestro esfuerzo al conocimiento. Quien comprende deja de reír o de llorar, pues estas reacciones revelan incomprensión.

El conocimiento nos hará ser como dioses al identificarnos con Dios, nos hará libres y felices. La salvación del ser humano está en el conocimiento, único método para alcanzar la invulnerabilidad, es decir, que nada pueda destruirnos. Para el sabio, todo cuanto le sucede es una oportunidad para perfeccionarse, incluso lo que aparentemente podría perjudicarle.

Hermoso remedio el que nos propone este pensador para afrontar lo irremediable. Este procedimiento que transforma la tristeza en alegría es equivalente a la alquimia que transforma el metal bajo en oro.

Con este método, el sabio se vuelve indestructible. Para poder aplicarlo se requiere, eso sí, una convicción total, pues la menor duda destruye el invento.

"Todo está bien" afirmaba Edipo después de todas sus desgracias, mientras vagaba ciego por el mundo. Se había arrancado los ojos, pero por fin veía la verdad: que todo es perfecto y necesario, aunque visto con parcialidad, parezca malo, feo o imperfecto.

En nuestros días, el Holocausto nos plantéa el siguiente problema: el sufrimiento inútil que allí se produjo, no tiene ninguna justificación y ninguna astucia de la razón puede superarlo. Algunos autores piensan que allí se mató a Dios. En este sentido, Spinoza no podría haber superado la triztesa con su recurso a Dios.

Pensando y haciendo

1)   ¿Piensas que lo triste puede llegar a alegrarnos? ¿Cómo lo consigue Spinoza?

2)   ¿Qué sentido puede tener el sufrimiento?

3)   ¿Cuál es el punto de vista de Dios? ¿Es posible alcanzarlo para el ser humano?

4)   ¿Qué papel juega el conocimiento en la salvación humana?

¿Cuáles son las cuatro máximas morales de Descartes?

escartes, en la tercera parte de su célebre *Discurso del Método*, nos dice, resumiendo su moral en cuatro máximas que: *La primera fue seguir las leyes y las costumbres de mi país, conservando constantemente la religión en que la gracia de Dios hizo que me instruyeran desde niño, rigiéndome en todo lo demás por las opiniones más moderadas y más apartadas de todo exceso, que fuesen comúnmente admitidas en la práctica por los más sensatos de aquellos con quienes tendría que vivir... Mi segunda máxima fue la de ser en mis acciones, lo más firme y resuelto que pudiera y seguir tan constante en las más dudosas opiniones, una vez determinado a ellas, como si fuesen segurísimas... Y esto fue bastante para librarme desde entonces de todos los arrepentimientos y remordimientos que suelen agitar las conciencias de esos espíritus endebles y vacilantes, que se dejan ir inconstantes a practicar como buenas las cosas que luego juzgan malas... Mi tercera máxima fue procurar siempre vencerme a mí mismo antes que a la fortuna, y alterar mis deseos antes que el orden del mundo y generalmente acostumbrarme a creer que nada hay que esté enteramente*

en nuestro poder sino nuestros propios pensamien-
tos, de suerte que después de haber obrado lo me-
jor que hemos podido en lo tocante a las cosas ex-
teriores, todo lo que falla en el éxito es para noso-
tros absolutamente imposible... En fin, como con-
clusión de esta moral, ocurrióseme considerar, una
por una las diferentes ocupaciones a las que los
hombres dedican su vida, para procurar elegir la
mejor; y sin querer decir nada de las demás, pensé
que no podía hacer nada mejor que seguir en la
misma que tenía; es decir, aplicar mi vida entera al
cultivo de mi razón y adelantar cuanto pudiera en
el conocimiento de la verdad... (En *Marías*, J., vol. 2,
op.cit. pp. 17-18).

Comprensión

En este resumen encontramos condensada la sabiduría filosófica de todos los tiempos. El lector reconocerá en estas líneas a Platón, a Aristóteles, a los estoicos y a Spinoza. Moderación, firmeza, autodominio y comprensión pueden ser las palabras que expresan estas ideas.

La moderación significa que todo exceso es malo y que debemos evitar las extravagancias en general; también nos invita a seguir el ejemplo de los más sensatos quienes, a su vez, son los que dedican su vida a pensar y aplican la sabiduría en todo momento. Es fácil reconocer a los más sensatos pues son los más generosos, comedidos y dichosos entre los humanos.

La firmeza significa lo contrario de la debilidad del veleidoso e inconstante o del que no se resuelve en ningún sentido y que permanece siempre en la duda. También nos habla de aquellos que hacen algo y luego se arrepienten, pues juzgan después de la acción y no antes, como recomienda la prudencia.

Vencerse a uno mismo es autodeterminarse, dejar de actuar según el capricho y darse cuenta de que no lo podemos todo, sino sólo lo que nos concierne como sujetos que decidimos e interpretamos los hechos del mundo. Una vez que hemos hecho todo lo que podemos y que hemos actuado de acuerdo a nuestros principios, si no hay resultados favorables, debemos aceptar las cosas como son, pues nada podemos hacer para cambiarlas.

El sabio dedica su tiempo a conocer lo que nos atañe y esa es la garantía de que sus actos serán prudentes y sensatos y de que, por lo mismo, conducirán a la felicidad. Imaginemos al "filósofo enmascarado" en las campañas militares y en las cortes de París conociendo el libro del mundo y poniéndose a prueba en situaciones diversas y con el fin de progresar en la adquisición de la verdad.

Pensando y haciendo

1) Relaciona las cuatro máximas de Descartes con lo dicho en textos anteriores.
2) ¿De qué depende que apliquemos estas máximas en la vida diaria?
3) ¿No será conformista este pensador al recomendarnos "seguir las leyes y costumbres de mi país"?
4) Describe con tus palabras a un ser humano sensato y explica las razones para serlo.

¿Qué pensaba Pascal frente a lo infinito?

ascal nos dice en sus *Pensamientos: Cuando considero la escasa duración de mi vida, absorbida en la eternidad que la precede y que la sigue, el pequeño espacio que lleno, y aun que veo, hundido en la infinita inmensidad de los espacios que ignoro y que me ignoran, me estremezco y asombro de verme aquí y no allí, porque no hay razón alguna para estar aquí más bien que allí, para existir ahora y no en otro momento... ¡Cuántos reinos nos ignoran! El eterno silencio de estos espacios infinitos me aterra.* (En *Marías*, vol. 2, op. cit.,p. 62).

Comprensión

Pascal nos lleva a la perplejidad y a la angustia de constatar la frágil y efímera existencia humana frente al infinito. El terror surge de la desproporción entre la finitud y la infinitud.

También se asombra de la contingencia o falta de fundamento de lo que hay y acaece, pues nada hace que tengamos que existir necesariamente ni que lo tengamos que hacer ahora y aquí. No hay una necesidad de que todo sea así como es, y en esto consiste la irracionalidad, la ausencia de una razón de ser. De alguna manera, Pascal experimenta el ser, todo cuanto hay, como gratuito y absurdo, como carente de sentido, azaroso y lleno de nada. Muchos años después, en nuestros días, el existencialismo de Sartre profundizará esta vivencia metafísica.

Para este pensador, todas las vanidades e ilusiones que los humanos nos hacemos son ridículas. Intentamos escapar a este descubrimiento trágico de la existencia mediante diversos procedimientos: el continuo desear lo que no tenemos, la huida del presente hacia el futuro y el pasado, la búsqueda insensata de placeres y diversiones, el continuo movimiento que nos impide estar en reposo con nosotros mismos, las múltiples tareas y ocupaciones que emprendemos para combatir el aburrimiento, en fin, la insaciable sed de cosas externas. Frente a esta locura, Pascal nos recuerda que estamos hechos para pensar y que en el pensamiento está nuestra dignidad y salvación. Nos dice que el hombre es una caña muy débil, pero pensante y esta condición lo eleva por encima del universo infinito. Es a través del pensamiento que podemos elevarnos y superar la miserable fragilidad que nos constituye. Pascal nos aconseja buscar la verdad en medio de la desesperación. Ese es el único camino. En otras palabras, la filosofía es el único camino de salvación.

No olvidemos que fue Pascal quien dijo que "el corazón tiene sus razones que la razón no conoce", es decir, que el conocimiento de la verdad se realiza no sólo por la razón teórica, científica, sino también por el corazón, que es capaz de conocer los primeros principios y de sentir a Dios. Son caminos diferentes de acceso a lo real y lejos de excluirse, deben complementarse. Quiere decir que hay una gramática de los sentimientos, los cuales no constituyen un mundo aleatorio y sin leyes.

El pensamiento de lo infinito inhumano es aterrador y puede llevar a la desesperación. A Pascal lo salvará la fe en Dios, pero a otros pensadores que repetirán su experiencia no les quedará esa salida y explorarán la desesperación sin poder salir de ella.

La desesperación frente a lo infinito no debe llevarnos a pensar que "todo da igual" y que un gran poeta vale lo mismo que un par de zapatos, sino, más bien, a sentar una jerarquía que nos ayude a superar ese abatimiento.

Pensando y haciendo

1) Describe con tus palabras y siguiendo tu propia experiencia, la finitud y la contingencia de la existencia humana.

2) Frente a infinitud del espacio-tiempo y a la fragilidad del ser humano, ¿dónde está la grandeza y la salvación para el hombre?

3) ¿Qué significa el "corazón" como facultad humana de experimentar? Dilo con tus palabras.

4) ¿Cuáles son las formas de evasión que tú practicas para no enfrentar el vacío? Descríbelas.

¿Qué pensaba Shaftesbury sobre el razonar y el bromear?

haftesbury, *en Sensus communis. Ensayo sobre la libertad de ingenio y humor*, nos dice: *De acuerdo con la noción de razón que tengo, ni los tratados escritos de los eruditos ni los discursos ajustados de las personas elocuentes pueden de suyo enseñar a usarla. Solamente el hábito de razonar puede hacer al razonador. Y nunca se invita mejor a los hombres a que adquieran un hábito que cuando encuentran placer en el mismo. La libertad de chanza, la libertad de cuestionar con lenguaje decente lo que sea, el permiso de desembrollar o refutar cualquier argumento sin ofensa de aquel a quien se arguye, son las condiciones únicas que pueden hacer agradables de algún modo esas conversaciones especulativas.* (Pre-textos, Valencia, 1995, p. 140).

Comprensión

Tenemos aquí un texto que muestra las características esenciales del librepensamiento. Ante todo, el placer como motivo principal de lo que se hace, sea filosofar o sea la virtud misma. La filosofía, como los actos virtuosos no pueden hacerse obligados, contra la naturaleza del sujeto y si así sucediera, el resultado sería calamitoso.

Además, este autor es partidario de reivindicar el humor y la jovialidad, contra el formalismo, la pedantería y la beatería imperantes en los medios académicos. Distingue, eso sí, el humor cortés y decente de la bufonería vulgar. Todo esto forma parte de un estilo desenvuelto de filosofar, contra el pesado espíritu de seriedad y el "adusto ceño" de los que confunden profundidad con artificiosidad y amaneramiento.

Lo anterior forma parte de lo que este autor llama "sentido común" y que no es otra cosa que ser sencillo y natural. Sería deseable, nos dice, que en las Universidades y colegios se enseñara en esta dirección, pero es difícil que así suceda.

Siguiendo al sentido común, descubrimos que la sabiduría consiste en ser rectamente egoístas, a amar la vida en cuanto es buena, a ser feliz y, para conseguirlo, ser honesto. También es el sentido común el que nos dice que no es el miedo al castigo o el deseo de un premio el que nos hace virtuosos, sino la dicha que la virtud procura.

"Por *caballeros con estilo* entiendo a aquellos a quienes un buen genio natural o la fuerza de una buena educación les dio un *sentido* de lo *naturalmente gracioso y pertinente*". He aquí lo que este pensador se propone fomentar, ese sentido que nos hace amar las virtudes.

El sentido común que proclama esta filosofía nos orienta en la moral y en la estética y nos hace preferir lo justo y lo armonioso y distinguirlo de sus contrarios. Por lo mismo, no tenemos que dar muchos rodeos ni buscar en lugares misteriosos la fuente de lo que nos conviene.

Pensando y haciendo

1) ¿Por qué el humor es necesario en la vida?

2) Busca ejemplos en tu vida en los que se vea el poder terapéutico de la risa.

3) ¿Por qué los humanos han perdido el sentido común?

4) ¿Qué nos indica el sentido común como conveniente y bueno?

¿Qué piensa Hume sobre la benevolencia?

ume, en *Investigación sobre la moral*, nos dice: *En general, pues, parece innegable que nada concede más mérito a una criatura humana que el elevado sentimiento de benevolencia, y que una parte, por lo menos, de su mérito surge de su tendencia a estimular los intereses de nuestra especie y a otorgar felicidad a la sociedad humana. Dirigimos nuestras miradas a las saludables consecuencias de semejante carácter y disposición y todo lo que tiene una influencia de este modo benigna y promueve un fin tan deseable es contemplado con placer y satisfacción. Las virtudes sociales nunca son consideradas sin pensar en sus tendencias benéficas ni son tenidas por estériles o infructuosas. La felicidad de los hombres, el orden de la sociedad, la armonía de las familias, la ayuda mutua de los amigos son siempre consideradas como resultado de su benévolo dominio en el corazón de los hombres.* (Losada, Buenos Aires, 2003, p. 43).

Comprensión

En este texto se encuentra expresado el pensamiento medular de este pensador, es decir, su idea de que es bueno lo que es útil a la mayoría. Las virtudes sociales como la amabilidad, la generosidad, la indulgencia o la dulzura, son siempre buenas.

Si una persona ocupa un puesto eminente en la sociedad, sólo podrá gozar de esas ventajas haciendo el bien. Así, la envidia de los que no tienen esa posición se verá aplacada. El hombre humanitario y benévolo es amado por todos y produce en los demás esas mismas cualidades. "Igual que el sol, ministro inferior de la providencia, consuela, vigoriza y sustenta al mundo circundante".

Lo importante es que las virtudes sociales benefician a la sociedad y por eso son tan alabadas. La utilidad pública es lo que más importa a la hora de elegir las virtudes. Por ejemplo, si dar limosna a los indigentes, por un lado alivia las penurias y por otro lado fomenta la pereza y la corrupción, habría que ver qué es más útil a la sociedad en cada caso, para decidir qué es mejor hacer. Otro ejemplo que pone Hume es el de la propiedad: si en nombre de la igualdad suprimiéramos la propiedad, se destruiría toda subordinación y se debilitaría la autoridad, con el consiguiente perjuicio social.

Ser equitativos con los demás también es un beneficio para nosotros mismos. Lo importante es buscar lo que es más útil para la mayoría y esto nos lo indica el sentido común y la experiencia.

El principio de utilidad que establece Hume se desprende de la pregunta siguiente:"¿Qué sería del mundo si tales prácticas prevaleciesen?" La fidelidad, la veracidad, la justicia o la integridad son virtudes porque sirven al bien general.

El bien de la sociedad y el propio de cada individuo están en completa armonía. Las virtudes aumentan la felicidad de la humanidad y los vicios la disminuyen. Pueden darse casos de desacuerdo entre lo individual y lo social, pero "todo lo que contribuye a la felicidad de la sociedad se recomienda directamente a nuestra aprobación y buena voluntad".

Pensando y haciendo

1) Si el principio moral de la utilidad social es verdadero, ¿por qué hay tan poca generosidad y benevolencia?

2) ¿Es la anterior objeción motivo para invalidar el pensamiento moral de Hume?

3) ¿Cómo explicar el individualismo y la escasa solidaridad reinantes en la sociedad?

4) ¿Qué se podría hacer para desarrollar los sentimientos de benevolencia?

¿Qué piensa Leibniz sobre todo lo que sucede?

eibniz, en sus *Opúsculos filosóficos*, nos dice: *Habiendo una infinidad de mundos posibles en las ideas de Dios, y no pudiendo existir más que uno sólo, precisa que haya una razón suficiente de la elección de Dios que le determine a esto mejor que a aquello. Y esta razón no puede hallarse sino en la conveniencia o en los grados de perfección que contengan estos mundos, puesto que cada posible tiene derecho a pretender la existencia en proporción de la perfección que encierre.* (En *Marías*, vol. 2,, op. cit. p. 292).

Comprensión

Para este filósofo, vivimos en el mejor de los mundos posibles, a pesar de toda la imperfección que constatamos a nuestro alrededor y en nosotros mismos. Cualquier otro mundo habría implicado mayor sufrimiento y mayores males. Nos podemos preguntar por qué no es absolutamente perfecto el mundo creado por un ser perfecto y la respuesta es que entonces no sería un mundo creado, sino el propio Dios.

Leibniz nos lleva a una conformidad con lo que hay, lo cual no significa un quietismo conformista, pues nuestra acción de perfeccionamiento es parte de la realidad. El mundo creado incluye la libertad humana y, por lo mismo, el mal moral, pero esto no significa que Dios haya creado el mal, ni que sea el autor de los actos malos. Dios permite el mal porque ha preferido un mundo con libertad y este mundo con libertad es mejor que otro en el que no la hubiera.

Nos invita este pensador a confiar en que todo sucede de la mejor manera a pesar de que pueda ir en contra de nuestros intereses y conveniencias. Esta idea la ha llamado "principio de razón suficiente" y significa "que ningún hecho puede ser verdadero o existente y ninguna enunciación verdadera sin que de ello haya una razón bastante para que sea así y no de otro modo". Estas razones no las solemos conocer y por eso pensamos que el mundo carece de sentido o que es absurdo y que Dios no puede existir o ser perfecto.

Este pensador sostiene que cada alma conoce el infinito, pero sin claridad, confusamente. Existen percepciones pequeñas de las cuales no tenemos conciencia pero que forman una percepción confusa que, de alguna manera presentimos. "Como cuando, paseándome por la orilla del mar y escuchando el rumor grande que produce el agua, oigo, aunque sin discernirlos, los ruidos particulares que cada ola hace, de los cuales se compone el rumor grande total, asimismo son nuestras percepciones confusas el resultado de las impresiones que el universo entero produce en nosotros". Sólo Dios tiene un conocimiento distinto de todo. Define a Dios como "centro de todo en todas partes". El espíritu humano es una réplica en pequeño de la infinitud divina.

Los espíritus humanos entran en una especie de Sociedad con Dios, llamada Cuidad de Dios o Reino Moral de la Gracia. Esta Monarquía universal es lo más grande en la obra de Dios.

Imaginemos a este genial matemático y amigo de princesas en la Biblioteca de Hannover como en un laberinto borgiano, buscando la razón suficiente del mundo. El mundo es matemático, es decir, lógico, pero en sus profundidades insondables reside lo infinito inconmensurable, lo irracional.

Pensando y haciendo

1)	Piensa el mundo como Leibniz, optimistamente, y saca conclusiones morales; haz lo mismo desde el pesimismo.

2)	En qué momento de la explicación se ve que Leibniz descubre el inconsciente.

3)	Si todo el universo influye en nosotros, ¿por qué sólo tenemos conciencia de una parte pequeña?

4)	¿Cómo pueden ser compatibles la infinita bondad de Dios, su absoluta sabiduría y la existencia del mal y la libertad humana?

¿Qué piensa Voltaire sobre la benevolencia?

 oltaire, en su *Tratado de Metafísica*, nos dice: *El hombre no es como los demás animales, que no tienen más instinto que el del amor propio y el del acoplamiento; no sólo tiene este amor propio necesario a su conservación, sino que tiene también hacia su especie una benevolencia natural que no se percibe en los brutos... Es verdad que este sentimiento de piedad y de benevolencia a menudo se ve ahogado por el furor del amor propio; así, la sabia Naturaleza no debía darnos más amor hacia los otros que para con nosotros mismos; ya es mucho que tengamos esta benevolencia que nos dispone a la unión con otros hombres. Pero esta benevolencia sería un menguado socorro para hacernos vivir en sociedad: jamás hubiera servido para fundar grandes imperios y ciudades florecientes, si no hubiésemos tenido grandes pasiones.* (En Marías, vol. 2, op. cit., p. 533).

Comprensión

Este pensador demuestra ser un buen conocedor del ser humano. El amor propio y el instinto de conservación son las bases de la vida animal; el deseo de benevolencia o piedad hacia el prójimo es exclusivo del ser humano. El amor propio o egoísmo es el que nos lleva a buscar el provecho propio y a satisfacer las necesidades vitales y es indispensable para lograr infinidad de metas.

Pero Voltaire atribuye a las pasiones, como el orgullo, el afán de poder, la avaricia, la envidia, el origen de las artes y los placeres. "Las pasiones son las ruedas que hacen andar a todas estas máquinas", nos dirá y añadirá que no son malas en sí, sino por el abuso que hacemos de ellas. Las pasiones son buenas, pero si se las usa mal, se desvirtúan y hacen daño.

Son muchos los filósofos que hacen un elogio de este amor propio moderado que, equilibrado por esa piedad o benevolencia, puede constituir la base de un comportamiento moral. Si no tuviéramos ese egoísmo básico no emprenderíamos ninguna empresa y nos abandonaríamos en la inercia y la pereza, no construiríamos nuestra persona, que tantas penurias nos exige.

Sin el amor propio tampoco podríamos ser generosos y compartir nuestras riquezas (materiales o espirituales) con los demás. Para poder amar a los otros tenemos que empezar por amarnos a nosotros mismos.

La Naturaleza o Dios, ha dado al ser humano un orgullo que le impide soportar que los demás le odien o desprecien y esto sirve de freno para el exceso de amor propio. De ahí que todo hombre razonable piense que lo más conveniente para él es ser honrado, a fin de ser apreciado por los demás.

"Un espíritu recto es un hombre honrado por la misma razón que quien no tiene depravado el gusto prefiere el excelente vino de Nuits al vino de Brie, y las perdices de Mans a la carne de caballo", es decir por un sentimiento innato o buen sentido. Deberíamos seguir nuestra naturaleza y el sentido común antes que imponernos normas externas.

Pensando y haciendo

1)   ¿Por qué piensa Voltaire que el amor propio es bueno para el ser humano?

2)   ¿Son las pasiones malas en sí o depende del uso que hagamos de ellas? Responde con ejemplos de la vida diaria.

3)   ¿Qué debe ser más fuerte en nuestro comportamiento, el miedo al desprecio de los demás o el gusto por la virtud misma?

4)   Analiza tu sentimiento más profundo y di a qué te llama.

¿Qué admiraba y veneraba Kant de modo renovado?

ant, como *Colofón de la Crítica de la razón práctica*, nos dice: *Dos cosas colman el ánimo con una admiración y una veneración siempre renovadas y crecientes, cuanto más frecuente y continuamente reflexionamos sobre ellas:* el cielo estrellado sobre mí y la ley moral dentro de mí. *Ambas cosas no debo buscarlas ni limitarme a conjeturarlas, como si estuvieran ocultas entre tinieblas, o tan en lontananza que se hallaran fuera de mi horizonte; yo las veo ante mí y las relaciono inmediatamente con la conciencia de mi existir.* (Alianza editorial, Madrid, 2002, p. 293).

Comprensión

El ser humano desde que aparece sobre la tierra ha contemplado, gracias al sentido de la vista y a su pensamiento superior, el cielo estrellado. La reacción ante ese sublime espectáculo en el que constatamos "una inconmensurable vastedad de mundos, metamundos y sistemas de sistemas, en los ilimitados tiempos de su movimiento periódico, de su comienzo y perdurabilidad" es y ha sido la admiración y la veneración. También nos sobrecoge cierto temor y horror por la desproporción entre esa inmensidad y nuestra pequeñez.

Si fuésemos una especie ciega, como los gusanos, nada sabríamos del cielo estrellado y tal vez no habríamos desarrollado una inteligencia como la que tenemos. Por eso la vista está directamente relacionada con el pensamiento superior. El espléndido escenario de los astros nos invita al conocimiento, a sustituir la magia por la ciencia. La ciencia verdadera es el mejor remedio contra la superstición y el fanatismo.

Por la ley moral inscrita en nuestra conciencia nos elevamos por encima de esa pequeñez animal, de ser un punto efímero de materia animada que vive durante un breve lapso de tiempo y que regresa tras la muerte a la materia cósmica. La moralidad es un ámbito espiritual imperecedero al que tenemos acceso gracias a la razón en su uso práctico y que se revela como un mundo absoluto. La más alta dignidad para el ser humano es su ser moral.

Gracias a la conciencia moral descubro una Ley que me obliga a través de mandatos generales que yo debo concretar. Cuando obedezco esas órdenes que provienen de la Razón, cumplo con el deber y soy libre. Ser libre es obedecer esa ley inscrita en el corazón humano, la misma que obedeció Antígona, en contra de la ley impuesta por Creonte y que le acarreó la muerte. Para Kant, no debemos cumplir la ley o ser virtuosos para ser felices, sino aún cuando nos perjudicara; debemos hacerlo porque es nuestro deber, al margen de la felicidad.

Tampoco se trata de cumplir con el deber de la boca para afuera, sino desde nuestro más profundo querer. La moralidad es de las intenciones, no de las acciones. Yo puedo cumplir la ley y sin embargo no ser moral. Esta es la diferencia entre legalidad y moralidad, entre la letra y el espíritu de las leyes. La moralidad de las intenciones nos conduce a superar la hipocresía.

Pensando y haciendo

1)   Contempla el cielo estrellado por la noche y expresa tus sentimientos y pensamientos a través de un ensayo.

2)   ¿Qué te dice tu conciencia moral, más allá de los códigos concretos que reglamentan la conducta?

3)   ¿Crees que Antígona hizo bien desobedeciendo las leyes impuestas por Creonte?

4)   ¿Qué podemos hacer para ilustrarnos?

¿Qué piensa Schopenhauer sobre la alegría?

 chopenhauer, en *El arte de ser feliz*, nos dice: *Cuando estamos alegres, no debemos pedirnos permiso para ello con la reflexión de si a todas luces tenemos motivo para estarlo. No hay nada que tenga una recompensa más segura que la alegría: porque en ella la recompensa y la acción son una misma cosa.* (Nota: *Quien está alegre, siempre tiene motivo para ello, a saber, justamente el estar alegre).* *Nada hay que pueda sustituir tan perfectamente como la alegría a cualquier otro bien. Cuando alguien es rico, joven, bello y famoso, hay que preguntarse si además es* alegre *para enjuiciar su felicidad; mas a la inversa, si es alegre, no importa si es joven, viejo, pobre o rico: es feliz.* (En *El arte de ser feliz,* Herder, Barcelona, 1999, p. 48).

Comprensión

Para este pensador, nada es más importante que la alegría, la cual está muy influida por la salud. Por eso mismo, la salud es un bien primordial y hay que procurársela por los medios necesarios. Evitar los excesos, los disgustos, los esfuerzos demasiado grandes y hacer ejercicio al aire libre son algunas de las prescripciones que nos da para tener un estado corporal saludable. La alegría depende del temperamento y del carácter, es decir, de una determinada complexión y de lo que aporta la educación.

De nada sirve tener riquezas, juventud o fama si no se tiene alegría. Incluso puede darse el caso de una persona enferma o inválida que tenga alegría, aunque piensa este autor que la alegría es la flor de la perfecta salud.

Lo más importante para la felicidad es el estado de conciencia. Las condiciones exteriores pueden ayudar en nuestro favor o en contra, pero lo realmente determinante es la conciencia que tenemos de lo que hay o sucede. Por lo mismo, coincide con Goethe en aquello de que "la mayor fortuna es la personalidad", pues uno disfruta de sí mismo y si uno está triste, hasta los manjares saben a hiel. Esto lo expresa diciendo que lo subjetivo es más esencial que lo objetivo o, con el proverbio popular, que "el hambre es el mejor cocinero".

Como grandes enemigos de la felicidad, pone Schopenhauer al dolor y al aburrimiento. Como remedios contra estos males están la alegría y el espíritu, que no suelen darse juntos, pues los genios suelen ser melancólicos y los alegres, superficiales. El ideal es, sin embargo, poseer espíritu y alegría, y así ser capaz de aprovechar el ocio y combatir el inevitable dolor. La persona con espíritu disfruta mucho con poco y hace del desierto un vergel, mientras que "una persona con el espíritu romo siente aburrimiento a pesar de constantes distracciones de teatro, fiestas y excursiones".

Es muy importante que formemos nuestro carácter con una voluntad moderada y con capacidad de disfrute en circunstancias modestas. Por todo lo dicho, mucho más importante que poseer bienes materiales es formar una personalidad completa y armónica.

Pensando y haciendo

1) ¿Qué es la alegría para ti? Puedes ayudarte con el *Diccionario filosófico* de Savater que comienza con esta palabra.

2) ¿Cómo se puede conseguir la alegría en circunstancias adversas?

3) ¿Qué importancia da este autor a la educación en el logro de la felicidad?

4) ¿Cuál es el papel de la filosofía en la consecución de la felicidad?

¿Qué piensa Schopenhauer sobre la ambición?

chopenhauer, en *El arte de ser feliz*, nos dice: *Los bienes que a alguien nunca se le había pasado por la cabeza pretender, no los echa en absoluto de menos, sino que está plenamente contento sin ellos. Otro, en cambio, que posee cien veces más que aquél, se siente desgraciado porque le falta una cosa que pretende. También a este respecto cada uno tiene su propio horizonte de lo que a él le es posible alcanzar. Hasta donde se extiende, llegan sus pretensiones.* (En op. cit. P. 38).

Comprensión

Este pensamiento se refiere al querer humano y a las ilusiones que nos hacemos, con la consiguiente frustración y decepción cuando no se cumplen. No significa que no haya que querer nada, que haya que suspender el deseo, como nos lo sugiere el budismo. Más bien, se trata de querer aquello que podamos conseguir con nuestro esfuerzo y que esté al alcance de nuestras capacidades. Esto nos exige estar en la realidad y conocer nuestras limitaciones.

Son ilusiones aquellas quimeras inalcanzables y disparatadas que nos gusta poseer en nuestras fantasías, mientras que los deseos adecuados son los que podemos realizar. Este pensador nos aconseja desear lo posible, no lo imposible. La esperanza de objetos imposibles, las ilusiones, nos harán sufrir de modo inevitable en el momento de la decepción, y por eso es mejor desprenderse de ella. Lo que debemos evitar es el engaño y el dolor que conlleva. La sensatez nos invita a moderar nuestro querer y a no vivir anticipándonos al futuro, sino en el presente, a querer lo que somos y tenemos.

Una ilusión frecuente es la de pretender encontrar la panacea, la felicidad total y definitiva. Estas ilusiones se pagan con dolor y en proporción directa a la magnitud de la ilusión. Si suprimimos la ilusión, también evitamos el sufrimiento. Si como Ícaro pretendemos volar hasta el sol con alas de cera, todo lo que subamos, tendremos que caer. Por eso es mejor, como Dédalo, volar a media altura.

También conviene que limitemos los deseos siempre renovados y disfrutemos lo que tenemos. Por ejemplo, la sed insaciable de riquezas es como beber agua de mar: "cuanto más se beba, más sed se tendrá". Si bajamos el nivel de nuestro querer y lo controlamos, también controlaremos el dolor. La limitación es fuente de felicidad.

En definitiva, lo que este filósofo nos aconseja es encontrar la justa medida en todo y evitar irnos a los extremos. Prudente es aquel que encuentra esa proporción y la practica. Por ejemplo, no hay que vivir siempre deseando lo que no tenemos y en el futuro, pero tampoco conformarnos con lo mediocre, sino aspirar con realismo a lo que realmente podemos.

Lo que más admiraba Nietzsche en este pensador era su honradez, que le impidió servirse de recursos retóricos; su jovialidad, es decir la alegría que despierta en nosotros al leerlo, y esto se debe a su sencillez, su seguridad y su fuerza y, por último, su constancia.

Según nos cuenta Nietzsche, "el carácter orgulloso, republicano y amante de la libertad de su padre le salvó... y le proporcionó la cualidad que, muy en primer lugar precisa un filósofo: una virilidad ruda e indomeñable. Este padre no era funcionario ni sabio. Viajó por el extranjero repetidas veces con el joven. Ventajas, todas ellas, para quien ha de aprender a conocer hombres y no libros y a venerar la verdad y no un gobierno". Con estas hermosas palabras nos da Nietzsche un retrato del que fuera su maestro predilecto.

Pensando y haciendo

1)   ¿Por qué este autor se opone a las ilusiones y a la esperanza?

2)   ¿Quiere decir este autor que no debemos desear nada y, por lo mismo, aniquilarnos?

3)   ¿Cómo podríamos aprender a encontrar la justa proporción?

4)   Da varios ejemplos de la vida diaria en los que se vea la moderación y la sensatez que nos recomienda Schopenhauer.

¿Qué piensa Schopenhauer sobre la muerte?

chopenhauer nos dice, a propósito de la muerte, en *El mundo como voluntad y representación*: *La muerte es la gran ocasión que se nos presenta para despojarnos de yo; ¡feliz el que la aprovecha! En la vida, la voluntad humana no es libre; por virtud del carácter invariable del hombre, su conducta se desenvuelve necesariamente guiada por los motivos... La muerte es el instante que nos libra de la forma especial de una individualidad que no es la esencia de nuestro ser; que es más bien una especie de aberración; nuestra verdadera libertad original nos es devuelta.* (En *Marías*, vol. 2, op. cit. p. 940).

Comprensión

Para este filósofo, muy influido por el pensamiento budista, la vida humana centrada en el individuo, es falsa y angustiosa. Por lo mismo, la muerte le parece una liberación. Nos liberamos de un continuo y doloroso oscilar entre el anhelo y el hastío. El sabio comprende esto y lejos de sufrir por la muerte, se alegra de su llegada.

Tras la muerte que suprime el yo y los deseos, el dolor y el aburrimiento, viene la calma de la fusión con el todo. Se acaba el principio de individuación que hace que el yo se oponga al no-yo y se retorna al Uno primordial. Este Ser primigenio es el único verdadero, mientras que el yo es aparente e ilusorio.

La voluntad de vivir y el egoísmo que le es inherente son aberrantes y se basan en una ilusión que la muerte deshace: que vivir es bueno y placentero. El pesimismo de este filósofo parte de la idea de que vivir es malo porque es doloroso. Así, la muerte es "la gran desilusión", la vuelta a la verdad y a la libertad.

Para ser consecuente con estas ideas, pareciera que el único camino es el suicidio, pero este acto implica un exceso de voluntad y de egoísmo, por lo cual queda descartado. Más bien se trata de atenuar la voluntad mediante el arte, el conocimiento y el negarse a procrear. De este modo, se produciría la natural extinción de la humanidad y el fin de su dolorosa y absurda existencia.

Esta filosofía que niega el valor de la vida humana nos puede servir para aceptar la inevitable muerte con cierta simpatía o, como decía Sócrates, nos enseña a morir bien. En todo caso, para este filósofo, a pesar de ver la voluntad como algo falso y doloroso, se mantienen las normas morales que nos ordenan la benevolencia y que tienen su origen en la compasión. Incluso, la extendió a todos los seres vivientes sensibles y que tienen capacidad de sufrimiento, es decir, a los animales.

Su máxima predilecta fue un verso de Juvenal que dice: "Dedicar la propia vida a la verdad" y él la siguió cabalmente. Para poder cumplir esta máxima hace falta libertad, tal como les ha sucedido a los más grandes pensadores.

No siempre el pesimismo está reñido con el vitalismo, como no siempre el optimismo es sinónimo de vitalismo. Este pensador es un ejemplo de pesimista no nihilista, es decir, de un pesimismo que no nos impide vivir bien.

Pensando y haciendo

1)	¿Es el pesimismo de Schopenhauer inmoral?

2)	¿Por qué le parece a este autor que la muerte es una liberación?

3)	¿Por qué es el arte una forma de apaciguamiento de la voluntad y, por lo mismo, algo recomendable?

4)	¿De qué sentimiento se deriva la benevolencia?

¿Qué piensa Schelling sobre el hombre y Dios?

chelling, en *Investigaciones filosóficas sobre la esencia de la libertad humana y los objetos con ella relacionados*, nos dice: *Sólo el hombre es en Dios y precisamente por ese ser-en-Dios, capaz de libertad. Sólo él es un ser central, y por eso debe permanecer en el centro. Es en él en donde todas las cosas han sido creadas, del mismo modo en que Dios sólo asume la naturaleza y la une a Él a través del hombre. La naturaleza es el Primer o Antiguo Testamento puesto que las cosas se hallan todavía fuera del centro y por lo tanto bajo la Ley. El hombre es el comienzo de la Nueva Alianza, y es a través de él, como mediador, y dado que él mismo está ligado a Dios, como Dios asume también a la naturaleza (tras la escisión última) y la* hace suya. *Por lo tanto, el hombre es el redentor de la naturaleza...* (Anthropos, Barcelona, 1989, p. 291).

Comprensión

Dios, el hombre y la naturaleza son los tres grandes temas de la metafísica y todos los filósofos han intentado explicarlos y dar una visión de conjunto. En este caso, es Schelling quien nos da su cosmovisión. Para él, el ser humano está en el medio entre Dios y la naturaleza, pues participa de ambos mundos opuestos.

Dios es espíritu y la naturaleza, materia; el ser humano es materia y espíritu. Sin ese ser intermedio, espíritu y materia permanecerían aislados. El ser humano tiene de Dios la libertad y el pensamiento y de la materia, su cuerpo animado. Es un ser central porque está en el medio y participa de todo, es un microcosmos.

El hombre es el redentor de la naturaleza porque él, como parte de la naturaleza está llamado a cumplir todo lo que en ella está en estado latente y oscuro. Lo que persigue la naturaleza es el amor, la unidad, la plenitud personal. Para alcanzar ese estado de realización es necesario el proceso doloroso de escisión y de lucha contra el mal.

Dios es vidas y personalidad y a través del ser humano busca su realización, ese estado final en el que Dios será todo en todo. El hombre no es un ser pasivo, sino el redentor que tiene como tarea la realización de Dios. La meta de la creación es que "aquello que no podía ser para sí, sea precisamente para sí al ser elevado desde las tinieblas" al existir, que lo que estaba en potencia se actualice.

Lo supremo es el amor, más que el espíritu, y es esa la causa de toda la creación y el sentido de la vida humana. El uno originario se divide para que por el amor consigan reunirse. El amor "une a aquellos que podían ser cada uno para sí y que sin embargo no lo son ni pueden ser el uno sin el otro".

Schelling intenta penetrar en el más recóndito secreto del ser y nos ofrece su interpretación del mismo. Nuestro papel en esa aventura es de primordial importancia, pues nuestro destino es el amor y el bien que, sin nuestra colaboración no podrían realizarse.

Pensando y haciendo

1) Intenta organizar los tres temas de la metafísica, Dios, el hombre y el mundo, de modo distinto al que nos sugiere Schelling.

2) En qué consiste para este pensador el papel redentor del hombre?

3) Busca una explicación de la existencia del mundo que no sea el amor y saca las consecuencias que se derivan.

4) Relaciona los siguientes términos y escribe un ensayo: Dios, libertad, mal, bien, amor.

¿Qué piensa Kierkegaard sobre la paradoja?

ierkegaard, en *Migajas filosóficas o un poco de filosofía,* nos dice: *Pero no hace falta pensar mal de la paradoja, porque paradoja es la pasión del pensamiento y el pensador sin paradoja es como el amante sin pasión: un mediocre modelo. Pero la suprema potencia de la pasión es siempre querer su propia pérdida, la pasión suprema de la razón es desear el choque aún cuando el choque se torne de uno u otro modo en su pérdida. Esa suprema pasión del pensamiento consiste en querer descubrir algo que ni siquiera puede pensar.* (Trotta, Madrid, 2004, p. 51).

Comprensión

Este filósofo pone en cuestión, con su modo de pensar, toda la tradición racionalista, la que desde Parménides a Hegel sostuvo que todo es racional. Muchos filósofos habían ya detectado fisuras en esta razón omnipresente pero no con la claridad y contundencia con que lo hace el filósofo danés.

La razón no es capaz de conocer lo más importante y que se revela como desconocido, es decir, a Dios.

A esto desconocido es imposible de acceder mediante la razón, la cual choca y cae en paradojas. Dios es el límite de la razón. La razón se abisma frente a lo otro, lo absolutamente diferente o la diferencia absoluta. Lo desconocido, Dios, es lo impensable e inefable, lo que no podemos pensar-decir.

Como la razón es incapaz de revelar lo desconocido, es la imaginación la que lo intenta y de ahí provienen todas las "máscaras de Dios" que conocemos, las figuraciones que nos hacemos del misterio insondable.

Para este pensador, el hombre no es capaz de conocer a Dios, pero Dios sí puede revelarse al hombre y lo hace a través de la paradoja misma, en el instante de la pasión o en el escándalo. Mediante el instante se le revela al hombre su finitud, la conciencia de pecado y la paradoja. El instante es locura, lo irracional, lo absurdo de la razón.

"Cuando la razón se ufana de su esplendor en comparación con la paradoja que es lo más miserable y despreciable, no es tanto la razón quien lo descubre, sino que es la paradoja la descubridora y la que deja a la razón todo el esplendor, incluidos los espléndidos pecados", es decir que la paradoja le muestra a la razón que es necia y torpe.

Este filósofo nos dice que Dios se presenta en forma humana, "en la humilde forma de siervo" y en esto consiste su enseñanza. Dios se pierde a sí mismo para poder ser igual al hombre, para poder revelársele y amarlo de igual a igual y no como un superior.

El "caballero de la fe" es el ser humano que supera el racionalismo y acepta la paradoja. Kierkegaard, junto a Marx y a Nietzsche, responde a Hegel e inician la filosofía contemporánea. No promueven un irracionalismo, sino más bien una ampliación de la razón. En el siglo XX aparecerán lógicas polivalentes y abiertas a la paradoja. La fe es un acto de libertad, no un conocimiento, algo que tiene que ver con la voluntad. El cristianismo es una religión paradójica. Que el Dios todopoderoso se encarne en un humilde servidor es una auténtica locura, pero sólo posible si Dios es amor. Es la locura del amor la que lleva a Dios a salir de su autismo de perfección hacia la perdición de sí mismo. Es como el rey de la leyenda que se enamora de una humilde muchacha y que para amarla bien no puede permanecer siendo su superior.

Este escándalo nada tiene que ver con las iglesias cristianas, a las que este pensador no dejó de criticar por su apego al poder, pero sí tienen relación con los auténticos santos que, como los lirios del campo y las aves del cielo, aprenden silencio.

Pensando y haciendo

1)   Da varios ejemplos de paradojas vividas y analízalas.

2)   ¿De qué manera la paradoja se opone a la razón?

3)   ¿Cómo sería una razón abierta a la paradoja?

4)   ¿Cuál es la visión del cristianismo de este filósofo?

¿Qué es el superhombre para Nietzsche?

ietzsche nos dice en *Así hablaba Zaratustra*: *Yo predico al superhombre. El hombre es algo que debe ser superado. Vosotros, ¿qué habéis hecho para superarle?... ¿Qué es el mono para el hombre? Un motivo de risa o una dolorosa vergüenza. Pues eso mismo debe ser el hombre para el superhombre... El superhombre es el sentido de la tierra. Que vuestra voluntad diga: ¡sea el superhombre el sentido de la tierra!... ¡Yo os conjuro, hermanos míos, a que permanezcáis fieles al sentido de la tierra y no prestéis fe a los que os hablan de esperanzas ultraterrenas! Son destiladores de veneno, conscientes o inconscientes... En otro tiempo, los crímenes contra Dios eran los más grandes crímenes; pero Dios ha muerto, y con él han desaparecido esos delitos. Ahora el crimen más terrible es contra la tierra y poner por encima de la tierra las entrañas de lo incognoscible.* (En *Marías*, vol. 2, op. cit. pp.1165-1166).

Comprensión

En este texto Nietzsche expresa dos de sus más importantes pensamientos: el superhombre y la muerte de Dios. Ambos están relacionados y no debe darse el uno sin el otro.

Vemos que para este pensador la evolución no ha terminado con el hombre, sino que debe seguir hacia formas superiores. El superhombre es esa nueva y más evolucionada forma de ser humano. Este superhombre será fiel a la tierra y no huirá hacia mundos inventados. Este mundo es suficientemente rico y extraordinario y no hace falta que creemos otro.

Para este filósofo, el Dios imaginado por los humanos es la negación del mundo y esa forma de concebirlo debe ser superada. Esto es lo que significa que Dios ha muerto. En algunas concepciones, Dios es el Fundamento de todo y está más allá del universo, en otro ámbito. El mundo no necesita de un Fundamento ajeno al mundo, pues es suficientemente valioso y se basta a sí mismo.

No es que Nietzsche sea un materialista en el sentido de que piense que sólo existe la materia inerte. El mundo espiritual es lo más propio del ser humano y mediante su imaginación creadora produce símbolos cargados de sentido y que pretenden explicar los enigmas de la vida. Lo que no es correcto es pensar que estos mundos simbólicos existen independientes del ser humano y que son la verdadera realidad.

La fidelidad a la tierra y la muerte de Dios que encarna el superhombre significa que no hay dos mundos, uno verdadero e ideal y otro aparente y corpóreo, sino un solo mundo complejo y múltiple. Tampoco hay un mundo eterno más allá de la muerte, sino sólo el tiempo que no cesa de volver, el eterno retorno del instante.

Es en el transcurso de la vida humana donde se juega todo, el cielo y el infierno, no en un mundo ultraterreno. Por lo mismo, debemos vivir cada instante como si fuera eterno.

Muy lejos de la interpretación nazi del superhombre es la que podemos dar aquí. El superhombre es el artista, el niño que logra amar el instante y crear en su cima. Es el que dice "Otra vez" al instante que vuelve y que lo vive como si hubiera de regresar infinitas veces.

Pensando y haciendo

1)   ¿Qué importancia tiene que creamos en una vida ultraterrena?

2)   Imagina y describe al superhombre.

3)   Haz un esquema del dualismo (dos mundos) y del monismo (un solo mundo).

4)   ¿Qué significa la "fidelidad a la tierra"?

¿Cuál es para Nietzsche la virtud suprema?

 os dice Nietzsche en su *Zaratustra*: *La virtud suprema no es vil ni útil, y reluce con suave brillo. La virtud suprema es la virtud dadivosa... Vuestra ansia es ser vosotros mismos ofrenda y dádiva: por eso ansiáis acumular todas las riquezas en vuestra alma. Insaciablemente codicia vuestra alma tesoros y alhajas, pues vuestra virtud es insaciable en su afán de regalar. Absorbéis todas las cosas para que broten de vuestro caudal como dádivas de vuestro amor. Tal amor ansioso de brindar, llega a pillar todos los valores; pero sano y santo se me antoja este egoísmo. Hay otro egoísmo, harto pobre y famélico, siempre pronto a hurtar: el egoísmo de los enfermos, el egoísmo enfermo.* (*Así hablaba Zaratustra*, en *Obras inmortales*, vol. III, Edicomunicación, Barcelona, 1985, p. 1509).

Comprensión

Para este pensador, la máxima virtud es la generosidad y ésta exige un egoísmo sano que permita el enriquecimiento previo. Para dar hay que tener algo que dar y para tener es necesario haber acumulado una riqueza.

El que dice "Todo para mí" y que no quiere compartir, es un espíritu enfermo, semejante al ladrón y al hambriento. Por el contrario, el generoso es un ser pleno y su corazón "desborda cual anchuroso río", con voluntad de amante.

El mezquino lleva una vida muelle, cómoda y blanda; el generoso, en cambio, desprecia y huye de "de lo agradable y de la molicie". Sólo con seres humanos generosos y amorosos –y también egoístas–, se alcanzará la gran salud, el sentido de la tierra, el gran mediodía o el superhombre.

Nos dice que la virtud que hace regalos no es vil ni útil, es decir, que está más allá del cálculo que mide lo que da con miedo de quedarse sin nada. El ser humano generoso da sin mirar, seguro como está de que su riqueza es inagotable pues aumenta con el don.

El dadivoso se da entero y posee un "suave brillo", pues no anda mostrándose para que le alaben. Como el oro, que es el supremo valor entre los metales, la generosidad se brinda siempre. Compara también la generosidad con el sol que irradia su calor.

Esta virtud, como otras, puede ir acompañada de alguna pasión, por ejemplo de la vanidad o del deseo de fama, pero si se la utiliza para una meta elevada, entonces se la transforma en virtud. Sobre esta conversión dice que "con tus venenos elaboraste tu bálsamo".

Nietzsche es el poeta-filósofo que, como el sol de la última hora, embellece el mundo con su mirada amorosa.

La voluntad de dominio no es una guerra de exterminio, sino el generoso don de la espiritualidad conquistada.

Pensando y haciendo

1) Define la generosidad. Puedes consultar el libro de Comte-Sponville *Pequeño tratado de las grandes virtudes* o un diccionario de filosofía.

2) Da tres ejemplos de tu vida en los que se muestre la generosidad.

3) Relaciona egoísmo y generosidad y escribe un ensayo sobre el tema.

4) ¿De qué depende que seamos generosos o mezquinos?

¿Qué piensa Nietzsche sobre la muerte?

ambién en este libro nos habla Nietzsche de la muerte y nos dice: *Morir a tiempo –he aquí lo que enseña Zaratustra... Todos toman en serio la muerte; pero todavía la muerte no es una fiesta. Todavía los hombres no saben santificar las fiestas más hermosas... Muere su propia muerte, culminante el hombre, triunfante, rodeado de esperanzas y solemnes promesas. Así debiera aprenderse a morir... Morir así es lo mejor; o si no es así, morir luchando y disipar un alma grande... Quien tiene una meta y un heredero, quiere morir a tiempo por la meta y por el heredero... Vuestro morir no debe ser un difamar al hombre y la tierra –he aquí lo que pido de la miel de vuestra alma–. En vuestra muerte deben arder aún vuestro espíritu y vuestra virtud cual arrebol vespertino que tiñe de oro la tierra; o si no, la muerte os ha salido mal.* (En op. cit. pp. 1506-1509).

Comprensión

La muerte es un tema central de la filosofía. Es la finitud de la existencia la que nos mueve a filosofar, a encontrarle un sentido a la vida y a la muerte. Desde el comienzo de la humanidad la muerte ha sido una inquietud constante y se han dado diversas respuestas. Desde muy pronto, los mortales rechazaron la muerte como fin definitivo de la vida individual e imaginaron una vida de ultratumba.

Para Nietzsche, el más allá quita valor a la vida terrena y por eso, lo niega. Todas las imágenes de una vida diferente a la que experimentamos le parecen fantasmagorías indignas de un ser pensante sensato. Para él, que pensaba que la vida humana era "un sueño sobre el lomo de un tigre", es decir algo fuerte y embriagador, cambiante y vertiginoso, la invención de un más allá le parecía, además de iluso, vergonzoso.

En el texto citado, nos invita a morir bien, en el momento oportuno, ni temprano ni tarde, a tiempo, y aprovechándola para la vida misma. Hacer de ella una fiesta significa que no debe ser algo triste, sino la culminación de una vida plena. Morir de tal modo que los vivos sigan amando la vida. Debiéramos elegir la muerte y no morir siempre asesinados, como decía Freud.

Si tengo una meta y un heredero no querré morir tarde, cuando ya no tenga fuerzas para llegar a ella, y además el heredero tiene que cumplir su papel. "Bebe del pozo y deja tu lugar a otro", dice un proverbio del desierto, no te quedes allí para siempre, deja que el que te sigue pueda también gozar de la vida.

Hay que cumplir las diferentes etapas de la vida y no "podrirse en pleno verano" o seguir eternamente colgados de su rama. El moribundo debe mirar la vida como el último sol, con luz dorada, con gratitud y alegría, con mirada goetheana –y nietzscheana.

Gracias a la muerte podremos reunirnos con la madre tierra, la que nos engendró y descansar. Aceptar la muerte como aquello que hace que la vida, cada instante del tiempo, sea precioso.

Pensando y haciendo

1) Si no hubiera muerte, ¿habría filosofía? Razona tu respuesta.

2) ¿Cómo entiendes la expresión "morir a tiempo"?

3) Imagina la muerte que deseas y descríbela.

4) ¿Qué significa la muerte como "arrebol vespertino que tiñe de oro la tierra"?

¿Qué piensa Nietzsche sobre la dureza?

l último aforismo de *El crepúsculo de los ídolos* dice así: *Los creadores son duros, y debe pareceros cosa nimia modelar vuestra mano en los siglos, como en cera blanda. Nimio es escribir sobre la voluntad de los milenarios como sobre bronce, más duro que el bronce, más noble que el bronce. Lo más duro es lo más noble. ¡Oh, hermanos míos! Seguid este nuevo consejo:* En adelante sed duros. (En *Obras inmortales*, Tomo III, op. cit., p. 1262).

Comprensión

La dureza que nos recomienda aquí Nietzsche no es sinónimo de crueldad o de insensibilidad, sino más bien lo opuesto a blandura. Duro es el que lucha y vence su propia mediocridad, el que se impone una alta meta y se pone en camino a pesar de todos los obstáculos. Para lograr el elevado objetivo de hacerse a uno mismo hay que ser implacable e impecable.

Sólo un guerrero acostumbrado a una vida austera y disciplinada, con una dieta frugal y un cuerpo entrenado al aire libre, podrá conquistar esa meta. La dureza es en primer lugar con uno mismo y tiene como finalidad no ceder al canto de sirenas de la comodidad y de una vida fácil.

Nietzsche habló de un ideal humano aristocrático, de una moral de señores, pero no debemos entender estas expresiones en un sentido clasista o como una defensa de la esclavitud. Se refiere, por el contrario, a categorías espirituales, donde el criterio es la fuerza creadora y la responsabilidad. Se opuso a la compasión y al sentimentalismo que debilitan y defendió un egoísmo no vulgar como síntoma de independencia y vitalidad.

Lo que distingue al aristócrata no es un título nobiliario, apellidos, prestigio social o dinero, sino una educación superior. Esto no quiere decir que hayan terminado estudios superiores en las universidades, sino que sean capaces de pensar, hablar y escribir de modo original y propio.

Las palabras que utiliza este pensador pueden dar lugar a graves equívocos y así sucedió con la utilización de sus ideas por parte del nazismo hitleriano. Hombre fuerte no es fuerte militarmente, sino con un espíritu vital que afirma la vida de modo incondicional, opuesto al pesimismo decadente.

El que crea los valores es el hombre fuerte y aristócrata, el noble, y para serlo debe ser duro, pues la corriente empuja hacia lo plebeyo, es decir, hacia lo bajo y vulgar. El noble es independiente y feliz, vital y autoafirmativo.

La dureza es la disciplina con la que nos aplicamos a construirnos y a no dilapidar el tiempo y la energía que poseemos. Sin esta dureza abandonamos la gran tarea de perfeccionamiento a la que estamos llamados.

Pensando y haciendo

1) ¿Por qué el noble debe ser duro?

2) ¿Qué significan para Nietzsche términos como "aristocracia", "esclavo", "fuerte", "débil"?

3) ¿Por qué Nietzsche no es un inmoral?

4) Describe el aristócrata de Nietzsche y compáralo con el magnánimo de Aristóteles.

¿Cuál es el pensamiento predilecto de Nietzsche?

l comienzo del Libro Cuarto de *La gaya ciencia*, uno de los más bellos libros de Nietzsche, nos encontramos con el siguiente aforismo: *Hoy permito a todo el mundo expresar su pensamiento más caro, y yo también voy a decir hoy lo que yo mismo anhelo y cuál es el pensamiento primero que me ha llegado al corazón este año, cuál es el pensamiento que en adelante será para mí la razón, la garantía y la dulzura de la vida. Quiero aprender mejor cada día a considerar como belleza lo que tienen de necesario las cosas; así seré de los que embellecen las cosas; Amor fati: sea éste en adelante mi amor. No quiero hacer la guerra a la fealdad. No quiero acusar, ni siquiera a los acusadores. Sea mi única negación apartar la mirada. Y, sobre todo, para ver lo grande, quiero en cualesquiera circunstancias no ser por esta vez más que afirmador.* (Editores mexicanos unidos, México, 2002, pp. 203-204).

Comprensión

En este bello fragmento comprobamos algo que su autor nos dice en el Prólogo del libro: "La gratitud está presente en sus páginas, como si hubiese logrado lo más sorprendente. Agradecimiento de un enfermo por algo inesperado: su curación". Se ha curado de la enfermedad del nihilismo, de aquella debilidad que nos lleva a maldecir la vida y, por lo mismo, está lleno de salud, alegría y vitalidad.

Ha superado el pesimismo que ve la vida como algo absurdo y negativo y, por el contrario, quiere convertir lo malo en una parte necesaria del bien, del mismo modo en que la muerte es indispensable para que haya vida.

Nietszche escribe este pensamiento en enero de 1892, después de una larga y tormentosa búsqueda de una clave para superar el sufrimiento. La encuentra en este pensamiento que el llama *Amor fati,* amor a lo que es tal como es, a lo necesario, a lo que no podría ser de otro modo y no podría serlo porque así es.

Se supone que hay una razón suficiente de todo y que el mundo es el mejor de los posibles, y que lo que no nos gusta o conviene forma parte de ese todo necesario. Lo feo, el mal, son parte imprescindible del todo y por eso es insensato hacerles la guerra. A lo más, apartaré la mirada, es decir, no repararé en aquellos aspectos terribles, los ignoraré pero sabiendo que son partes necesarias. No los miraré para no debilitarme ni confundirme, para no caer en la desesperación, pero también los afirmaré, aunque no me gusten.

Conformidad, gratitud, alegría y aceptación son las causas y las consecuencias de este pensamiento generoso que brota de la afirmación incondicional de la vida. Por eso el libro se titula *La ciencia alegre* y expresa un aumento de las fuerzas afirmativas, que Nietzsche llamará "embriaguez".

La enseñanza de este filósofo consiste en el amor a la vida y lo que ésta significa. Vitalismo que se opone al nihilismo y a la claudicación en el esfuerzo por ser lo que uno es realmente, es decir, un ser libre y alegre. El *amor fati* nos hará decir jubilosamente *Da capo!*, es decir, que todo vuelva, que la vida renazca siempre, que retorne la primavera, la juventud y el amor que engendra.

Pensando y haciendo

1)   ¿Qué formas hay de explicar el mal?

2)   ¿Piensas que Nietzsche acierta con este pensamiento?

3)   ¿Por qué dice que quiere ser de los "que embellecen las cosas"?

4)   ¿Cuál es tu manera personal de interpretar lo terrible de la existencia? Responde a través de un ensayo.

¿Qué debe perseguir la educación para Nietzsche?

ietzsche, en una de sus *Consideraciones intempestivas*, en "Schopenhauer educador", nos dice: *¿Y quiénes son los que nos elevan? Son esos hombres veraces,* que han superado lo animal, los filósofos, artistas y santos... *Se trata de la idea fundamental de la cultura, en la medida en que nos impone a cada uno de nosotros una única tarea:* alentar el surgimiento del filósofo, del artista y del santo en nosotros y fuera de nosotros, trabajando así a un tiempo en el perfeccionamiento y la consumación de la naturaleza. (En *Schopenahuer educador*, Biblioteca Nueva, Madrid, 2001, pp. 72-73).

Comprensión

En este bello y fogoso texto, Nietzsche nos habla de un ideal humano que habría que conseguir a través de una auténtica educación. Critica a las instituciones educativas de su época precisamente porque han olvidado esta tarea y han degenerado en instituciones al servicio de un Estado mediocre.

Este pensador pensaba que había que producir la síntesis entre filosofía y arte, pues el arte es el "fenómeno más transparente", es decir, donde mejor se expresa el ser. El arte no era para él una diversión, ni un "tintineo", sino la actividad metafísica por excelencia. La vida, que es una diosa artista creadora de formas, se aclara de modo preferente en el arte. Por eso dijo que él quería ver la filosofía desde la óptica del arte y el arte desde el de la vida.

Para superar lo animal hay que dar un salto y aspirar a algo más que a la felicidad, el lucro, la sociedad o la ciencia. El ideal de hombre que perfila Schopenauer y que Nietzsche quiere destacar es aquel que "asume el sufrimiento voluntario de la veracidad". Ser veraz quiere decir querer la existencia intramundana sin escapar a otro mundo inventado.

"El heroísmo de la veracidad consiste precisamente en dejar de ser un día su juguete. En el devenir todo es vacío, engañoso, plano y digno de nuestro desprecio". Quiere decir que el gran hombre deja de ser engañado, de escapar a la responsabilidad de atender lo más importante y se rebela para escuchar su voz más propia. Esta voz pregunta por los enigmas de la existencia y le impele al enfrentamiento de los problemas. Se olvida de sí mismo como individuo y vive para el fin elevado que es su vocación.

Formar seres humanos con este ideal es el cometido de una verdadera educación, único camino de salvación individual y social. Aquí encontramos otro pensador más que concibe la educación como la tarea más importante para el individuo y para la sociedad.

Pensando y haciendo

1) ¿Por qué la vida de los grandes hombres es tan difícil?

2) ¿Qué indicios hay en tu vida que se acerquen al ideal nietzscheano de ser humano?

3) Da ejemplos de la historia que muestren estos ideales humanos.

4) ¿Piensas que la educación actual está orientada en el sentido en que la piensa Nietzsche?

¿Qué piensa Scheler sobre el amor?

ax Scheler, en *Sobre la fenomenología del amor y del odio*, nos dice: *El amor es el movimiento en el que todo objeto individual concreto, que es portador de valores, alcanza el valor posible superior para él en función de su determinación ideal; o en el que alcanza su esencia valorativa ideal que le es propia.* (En *Gramática de los sentimientos. Lo emocional como fundamento de la ética*, Crítica, Barcelona 2002, p. 62).

Comprensión

El amor es para este pensador un acto intencional que persiste sobre los cambios de estados emocionales. Esto significa que aunque la persona amada nos haga sufrir, no por eso dejaremos de amarla.

No amamos un valor, sino algo valioso; el amor surge primero que el juicio por el que estimamos ese valor. En el respeto puede darse primero el juicio, pero no en el amor, que es originario, pues el amor carece de justificación racional.

Bajo el amor vemos mejor que con la razón esas evidencias que guían el acto amoroso. El amor se dirige indistintamente a uno mismo, a otro o a la comunidad.

El amor persigue el establecimiento del posible valor supremo y la supresión del valor inferior posible. Esto significa que el amor es un movimiento intencional que hace aparecer el valor superior. En el amor se ilumina el valor superior, el cual no se ha dado con anterioridad al acto amoroso.

El amor es un movimiento hacia lo más elevado y es el que permite que surjan esos valores superiores. Este movimiento no se refiere solo a los seres humanos, sino también puede orientarse a la naturaleza, al arte, a la ciencia o a Dios.

Es el amor el que en su movimiento hace aparecer en el objeto amado el valor superior. A su vez, el amor hace ver esos valores que sin amor serían invisibles. Bajo el amor nuestra atención e interés se agudizan y nos permiten ver más y mejor. El valor superior se abre en el movimiento del amor.

El amante ama al objeto tal como es, con sus defectos y sin condiciones. El pensador nos da dos ejemplos que ilustran este movimiento: el amor de Jesús por María Magdalena y el del padre con su hijo pródigo. En ambos casos es el amor el que transforma y hace crecer al amado.

Según esta comprensión del amor, éste nos haría desarrollarnos, no para ser otros que los que somos, sino para llegar a ser los que somos. Si así es, el amor constituye la única terapia válida para aquellos que padecen. También estaría en la base de la educación y de todo proceso de perfeccionamiento.

Sólo a través de una mirada amorosa podremos ver la belleza del mundo y, al mismo tiempo, contribuir a embellecerlo aún más.

El amor es un tema recurrente en la filosofía. Desde Empédocles hasta Scheler, pasando por Platón, Freud y Nietzsche, por sólo nombrar a algunos, no deja de aparecer en diferentes interpretaciones. Todas tienen algo en común: sin el amor no es comprensible el mundo ni el ser humano.

Platón concibió el amor como el paso del no-ser al ser y Aristóteles dijo de la amistad que era una manera de hacer bien al otro, es decir, de mejorarlo.

Pensando y haciendo

1) Compara lo que ha dicho Platón del amor con lo dice Scheler.

2) Relaciona el *amor fati* de Nietzsche con las ideas aquí presentes.

3) Busca ejemplos de tu vida en los que se vea aplicado esta idea del amor.

4) ¿De qué depende que amemos?

¿Qué piensa Teilhard de Chardin sobre el amor?

eilhard de Chardin dice en *La energía humana*: *El Amor es la más universal, la más formidable y la más misteriosa de las energías cósmicas. Después de tanteos seculares, las instituciones sociales lo han encauzado y canalizado... Se simula ignorarlo en la ciencia, en los negocios, en las asambleas, mientras que, subrepticiamente, está en todas partes. Inmenso, omnipresente y siempre insumiso, parece que hayamos terminado por desesperar de comprender y de captar esta fuerza salvaje... La manera más expresiva y la más profundamente verdadera de contar la Evolución universal, sería, sin duda, volver a narrar la Evolución del Amor... Pero si el Hombre, en cambio, percibe la Realidad universal que brilla espiritualmente a través de la carne, descubrirá entonces la razón de lo que hasta ese momento engañaba y pervertía su poder de amar. La Mujer está ante él como la atracción y el Símbolo del Mundo... El Hombre no podrá alcanzar a la Mujer más que en la Unión universal consumada. El Amor es una reserva sagrada de energía y como la sangre misma de la Evolución espiritual: he aquí lo que nos descubre en primer lugar el sentido de la Tierra.* (En *La energía humana*, Taurus, Madrid, 1967, pp. 35-37).

Comprensión

Para este gran pensador cristiano, el sentido de la vida es el amor. Es una energía cósmica muy poderosa y que está en todas partes, en la materia como fuerza molecular, en los seres vivos a través de la reproducción sexual y en el ser humano de un modo superior.

El amor tiende a unir a los seres fragmentados y dispersos y su fin último es la unión del Todo. Producir esta Unidad es el cometido, difícil y doloroso de la evolución. Los humanos no siempre tenemos esta visión sublime del amor y más bien quedamos atrapados en el amor a un fragmento de lo real. Es este un momento de confusión en el que no vemos con claridad el sentido de la vida. Por ejemplo deseamos a una mujer o a un varón y creemos que es el Todo, para en seguida desear a otro del mismo modo, bajo una especie de encantamiento ilusionista. Al no conseguir alcanzar el Todo, sentimos frustración y desesperación, al tiempo que la ansiedad de poseer se torna insaciable y dolorosa.

La propuesta de este pensador, como buen místico cristiano, es que veamos en la Mujer el símbolo del Todo, pero no como el Todo mismo. Símbolo es lo que nos remite a otra realidad, no la realidad misma. Como el Todo es infinito, también lo es el amor, que conduce al ser humano a una búsqueda infinita de la verdad del mundo.

La evolución del cosmos es la historia del amor. De alfa a omega, de la partícula a la célula, del gusano a la sociedad humana, todo es obra del amor y para el amor.

Pensando y haciendo

1) Relaciona esta idea del amor con otras presentes en este libro.

2) Haz una escala jerárquica de tipos de amor que tú conozcas.

3) Describe las formas del amor en los niveles prehumanos y compáralos con el humano.

4) ¿Cómo podemos subir en la escala de los amores hasta llegar al más alto?

5) ¿Qué otras interpretaciones se han dado de la evolución? ¿Cuál es la que más te atrae?

¿Qué piensa Teilhard sobre el azar y la necesidad?

 n otro párrafo de *La energía humana*, nos dice Teilhard de Chardin: *Y ante todo, el Mundo se construye... A primera vista, corremos el peligro de que los seres y sus destinos nos parezcan como distribuidos al azar, o al menos arbitrariamente, sobre la faz de la Tierra. Casi pensamos que cada uno de nosotros habría podido nacer, indiferentemente, más tarde o más temprano, aquí o allá, más dichoso o menos afortunado: como si el Universo, del principio al fin de su historia, formase en el Tiempo y en el Espacio, una especie de vasto parterre cuyas flores fuesen intercambiables a capricho del jardinero. Esta idea no parece justa... Parece verdaderamente que se está realizando a lo largo de los siglos un plan de conjunto alrededor nuestro... No, no somos comparables a los elementos de un ramo de flores, sino a las hojas y a las flores de un gran árbol, en el que aparece todo a su tiempo y en su lugar, a la medida y a petición del Todo.* (En op. cit. pp. 53-54).

Comprensión

El planteamiento metafísico de este pensador excluye el azar como factor importante de la evolución. Más bien hay un plan perfectamente pensado y donde nada es gratuito y contingente. Hay una necesidad de que todo suceda tal como sucede y en el momento y lugar precisos.

Teilhard expresa dos metáforas para simbolizar estas dos posibilidades: la de una jardín o ramo de flores, en los cuales cada elemento se ubica arbitrariamente por el jardinero y un árbol, con sus raíces, su tronco, ramas, hojas, flores y frutos, para el cual cada parte remite a un proceso inmodificable. Azar y necesidad son las dos posibilidades de explicar el mundo y sus sucesos.

El texto comienza con una afirmación fundamental: el Mundo se construye, no está definitivamente hecho. Debemos conjugar elementos contradictorios, como necesidad y libertad, como Dios y evolución creadora, como Dios y mal. Nos dirá este pensador que, si el mundo se hace y crece como un gran árbol que se desarrolla en medio de múltiples dificultades, entonces, habrá dificultades y sufrimiento. La conquista del crecimiento evolutivo implica la existencia de "accidentes exteriores de la intemperie, las ramas heridas, las hojas laceradas, las flores secas, enclenques o estropeadas". Sin todo eso no podría vencer los obstáculos de su difícil desarrollo. Por todo ello, llamará "caídos en el campo del honor" a todos los que sufren, pues ellos pagan por el triunfo del Todo.

La vida y la evolución son una lucha que requiere de buenos y nobles guerreros, dispuestos a dar la vida si es necesario, pues el valor principal no está en el guerrero sino en el proceso vital. Pretender que no haya dolor ni caídos es como querer ganar una batalla sin muertos ni heridos. Sería como querer llegar a la cima de una montaña sin ningún esfuerzo, sufrimiento o pérdida. Claro que sería más cómodo, pero no más bello ni más meritorio, estar desde el comienzo en cumbre.

Pensando y haciendo

1)   Relaciona los siguientes términos: azar, contingencia, necesidad, plan, a través de una redacción. Compara la posición de Teilhard con la de Pascal.

2)   Dibuja las dos metáforas del texto: el jardín y el árbol.

3)   ¿Cómo explica Teilhard el sentido del sufrimiento?

4)   ¿Sería posible un Mundo sin dolor y sin mal? ¿Cómo sería posible?

¿Qué piensa Teilhard sobre lo que puede hacer un enfermo?

 otro texto en la misma línea: *Si estas aprecia-ciones son verdaderas, el enfermo se halla si-tuado, en su inacción aparente, frente al cum-plimiento de una tarea humana muy bella. Sin duda, no debe nunca dejar de perseguir con todo su poder su mejoramiento o su curación. También, sin duda, debe emplear las fuerzas que le restan en las diversas formas de trabajo, a ve-ces extraordinariamente fecundas, que le estén permitidas. La resignación cristiana es, justamen-te, lo contrario de la capitulación. Pero, una vez asegurada esta parte de resistencia al mal, el en-fermo debe comprender que, en la medida en que está enfermo, tiene una función especial que cumplir, en la cual nadie puede reempla-zarle: la de cooperar a la transformación (po-dríamos decir, a la conversión) del sufrimiento humano.* (Ibid. p. 56).

Comprensión

El enfermo debe luchar por su curación y debe trabajar en la medida de sus posibilidades; jamás deberá aban-donarse y capitular antes de luchar. Pero, si tras estos esfuerzos, no hay curación, deberá aceptar y convertir el dolor en algo positivo.

Para Teilhard, el sufrimiento contiene una posible energía de espiritualización, de concienciación, de sublimación y de unión. Este pensamiento está en la médula de la religión cristiana y está simbolizado en la Cruz. La Cruz como luz, decía Unamuno.

Si no asumimos de este modo el sufrimiento, sólo nos queda la desesperación y el resentimiento. Esto nos conduciría a la pérdida de una oportunidad de crecimiento. Convertir el dolor en alegría es una de las tareas más difíciles de la existencia humana. Tal vez a eso se referían los alquimistas cuando querían transformar los metales bajos en oro.

Todos los inválidos, discapacitados, ancianos y enfermos en general sufren una tremenda debilidad que, operada la alquimia espiritual, puede transformarse en fuerza. Por el contrario, la fuerza y la salud no siempre van acompañadas de alegría y bienestar. Todo depende de la interpretación que hagamos de estos fenómenos.

Se trata de encontrar el sentido correcto de la vida; es correcto el que nos provee de alegría, cualquiera sea la circunstancia.

Nada resulta más difícil de entender para el ser humano que el dolor de los inocentes. Nos parece injusto que un niño muera en medio de dolores y rechazamos cualquier explicación. Muchos pensadores han intentado explicar este misterio insondable para el cual no encontramos consuelo. Dostoievski pensaba que nada, ni toda la felicidad del universo, podía justificarlo. Es algo contra lo cual choca nuestro pensamiento y se fractura.

Teilhard, como pensador cristiano, no podía dejar de aproximarse a ese enigma y lo hace desde su enfoque religioso. El Cristo inocente en la Cruz, abandonado y sufriente, es el símbolo del sufrimiento que persigue un sentido.

Las reflexiones sobre el sentido del dolor de Teilhard se acercan mucho a las de Victor Frankl. Ambos nos proponen suponer que hay un sentido que se nos oculta pero que, de conocerlo, nos consolaría.

Pensando y haciendo

1)	¿Ves otra explicación mejor para explicar y justificar el sufrimiento? ¿Cuál es tu propia idea sobre este tema?

2)	Narra con ejemplos de tu experiencia, casos de enfermos que hayan conseguido sublimar el dolor.

3)	Aparte del cristianismo, ¿qué filosofías tratan este tema y cómo lo enfocan?

4)	Cuenta algún hecho doloroso de tu vida y la forma en que lo resolviste.

¿Qué piensa Sartre sobre la libertad?

Sartre, en *El ser y la nada*, nos dice: *El hombre, al estar condenado a ser libre, lleva sobre sus hombros el peso íntegro del mundo; es responsable del mundo y de sí mismo en tanto que manera de ser. Tomamos la palabra "responsabilidad" en su sentido trivial de "conciencia de ser el autor incontestable de un acaecimiento o de un objeto". En tal sentido, la responsabilidad del para-sí es agobiadora, pues es aquel por quien se hace que haya un mundo; y, puesto que es también aquel que se hace ser, el para-sí, cualquiera que fuere la situación en que se encuentre debe, pues, asumirla enteramente con su coeficiente de adversidad propio, así sea insostenible; debe asumirla con la orgullosa conciencia de ser autor de ella, pues los mayores inconvenientes o las peores amenazas que pueden tocar a mi persona sólo tienen sentido en virtud de mi proyecto y aparecen sobre el fondo del comprometimiento que soy.* (Losada, Buenos Aires, 1981, p. 675).

Comprensión

Este texto de Sartre es radical en su afirmación de la libertad humana. Empieza diciendo que estamos condenados a ser libres, es decir, que no tenemos otra opción, pues incluso podemos elegir ser esclavos, pero es una elección. Sólo mediante la mala fe y el autoengaño podemos escapar a la libertad.

La libertad es un gran peso por la responsabilidad que ella implica, pues no podemos culpar a otras instancias o personas de lo que nos sucede o de lo que somos. Somos los autores de nuestra existencia, al margen de todos los condicionantes de esa libertad, la cual no se da nunca en el vacío. Las circunstancias son las que nos permite ser libres, como el mármol que resiste a los golpes del escultor es lo que hace posible la estatua.

Tenemos la mala costumbre de responsabilizar a otros de todo lo malo que nos pasa, aunque los méritos de lo bueno nos los asignamos a nosotros mismos. Todo lo que nos sucede, incluyendo los accidentes del azar, forman parte de esa circunstancia que nosotros elegimos y, por lo mismo, son responsabilidad nuestra.

El ser humano es el donador de sentido y, en esa medida, es el que decide el significado de todo lo que acaece. No podemos entonces delegar en el destino o en la casualidad la autoría de lo que nos sucede.

Sartre habla en el texto de "orgullosa conciencia" de ser los autores de los hechos de nuestra vida, los cuales encajan en ese proyecto existencial que somos. Llama "para-sí" al ser humano libre y responsable y lo diferencia del "en-sí" o cosa inerte. También nos dice que es insensato quejarse de lo que somos o vivimos, pues todo depende de nosotros. Alguien podrá objetar que un accidente o una enfermedad o la muerte de un ser querido no es una elección nuestra, pero Sartre nos recuerda que sí somos responsables de la lectura e interpretación que hagamos de ese hecho. Por eso, nos dice que "en una vida no hay *accidentes*". Nos pone como ejemplo una guerra que acaece y nos dice que es *nuestra* en la medida en que podría haber desertado y haberme sustraído a ella. Al no hacerlo, la elijo.

Pensando y haciendo

1)   ¿Piensas que todos los humanos somos libres de la manera en que lo dice Sartre o habrá excepciones? ¿Cuáles?

2)   ¿Por qué intentamos escapar a la libertad?

3)   Relaciona libertad, responsabilidad y angustia a través de un ensayo.

4)   Busca ejemplo de tu vida en los que se aprecie la mala fe.

¿Qué piensa Sartre sobre la mirada?

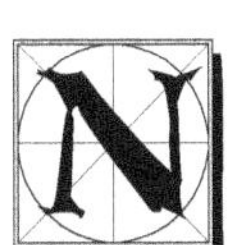os dice Sartre en *El ser y la nada*: *Esa mujer que veo venir hacia mí, ese hombre que pasa por la calle, ese mendigo que oigo cantar desde mi ventana, son para mí objetos, no cabe duda. Así, es verdad que por lo menos una de las modalidades de la presencia a mí del prójimo es la ob*jetividad... *aquello a que se refiere mi aprehensión del prójimo en el mundo como* siendo probablemente *un hombre es la posibilidad permanente de* ser-visto-por-él, *es decir, la posibilidad permanente, para un sujeto que me ve, de sustituirse al objeto visto por mí... El "ser-visto-por-otro" es la* verdad *del "ver-al-otro"... La vergüenza o el orgullo me revela la mirada del prójimo, y a mí mismo en el extremo de esa mirada; me hace* vivir, *no* conocer, *la situación de mirado... No puedo tener vergüenza sino de mi libertad en tanto que ésta me escapa para convertirse en objeto* dado... *Así, quedo despojado, para el otro, de mi trascendencia... mi caída original es la existencia del otro...* (Losada, Buenos Aires, 1981, pp. 328-340).

Comprensión

En este magnífico análisis fenomenológico de la mirada humana, Sartre nos dice que los humanos nos cosificamos unos a otros, que nos es imposible soportar al otro como libertad. Por eso, en otra obra dirá que "el infierno son los demás" y que el amor es ese intento, siempre fallido, de permitir que el otro siga siento sujeto, libertad o trascendencia.

En principio, la mirada del prójimo me convierte en cosa y por eso siento vergüenza cuando me siento observado. Cuando soy objeto visto dejo de ser mis posibilidades y ya no soy dueño de la situación. Los seres humanos entablan batallas a través de la mirada, miden su poder de dominio. La relación habitual con el prójimo es de amo-esclavo y conlleva peligro.

Esta visión negativa del prójimo presente en este libro de juventud de Sartre irá modificándose a lo largo de su vida. No olvidemos que para este pensador fue muy importante la lucha por la liberación y la organización de los agentes del cambio. En sus últimos años modificó completamente esta visión tan pesimista de las relaciones humanas y no sólo admitió, sino que también fomentó, la posibilidad de la fraternidad.

Así, el otro no impide mi libertad, sino que puede ayudarme en mi proceso de liberación. No solo porque me puedo unir a otros y organizarnos para luchar contra todas las instancias opresoras, sino porque los humanos no somos islas y en nuestra estructura más íntima somos una intersubjetividad.

Lévy, en su libro sobre Sartre, *El siglo de Sartre,* nos dice cómo en sus últimos años el fundador del existencialismo ateo se habría acercado al pensamiento de Levinas, de raigambre judía y cuyo tema esencial es el rostro del otro. Habrían coincidido ambos, Sartre y Levinas, en un mesianismo sin Mesías para el que el otro es anterior al propio yo. Este viraje prueba con nitidez la flexibilidad del autor de *A puerta cerrada,* de lo que Lévy llama "el cerebro sin huesos" de Sartre.

Pensando y haciendo

1) ¿Cuál de las dos ideas del prójimo es más real?

2) ¿Por qué piensas que este filósofo cambió con el paso del tiempo su idea de las relaciones humanas?

3) ¿Cómo podríamos probar que el otro no sólo no me esclaviza, sino que me ayuda a liberarme?

4) ¿Qué otras posibilidades hay, aparte de la vergüenza, de sentir frente a la mirada ajena?

¿Qué piensa Cioran sobre el vivir?

 ioran en *En las cimas de la desesperación*, nos dice: *Estoy persuadido de no ser nada en el universo y sin embargo siento que mi existencia es la única real. Más aún: si debiera escoger entre la existencia del mundo y la mía propia, eliminaría sin dudarlo la primera con todas sus luces y sus leyes para planear totalmente solo en la nada. A pesar de que la vida me resulta un suplicio, no puedo renunciar a ella, dado que no creo en lo absoluto de los valores por los que debería sacrificarme. Si he de ser sincero, debo decir que no sé por qué vivo, ni por qué no dejo de vivir. La clave se halla en la irracionalidad de la vida, la cual hace que ésta perdure sin razón.* (Tusquets, Barcelona, 2003, p. 63).

Comprensión

Tenemos aquí un buen ejemplo de un pensamiento nihilista, muy representativo de nuestro siglo pasado. Refleja con nitidez el estado de desesperación y de confusión de toda una generación que le tocó vivir las dos guerras mundiales.

El pensador Cioran constata su ser nada en medio de un universo absurdo. Sin embargo, se prefiere al resto de lo que hay, al conjunto de los mundos y a la ley moral, que tanto maravillaban a Kant. Pero se prefiere "para planear totalmente solo en la nada", o sea sin saber por qué ni para qué.

El suicidio implicaría una valoración, una preferencia, aunque sea por la muerte, y el nihilista consecuente carece de la misma, por lo que tampoco puede optar por ese camino. El suicida valora la muerte, mientras que a Cioran le "repugna tanto como la vida". En breve, no hay salida ni solución, sólo cabe llorar estos pensamientos que son lágrimas.

A pesar de toda esta desesperación, hay un intento de comunicación en la escritura de estos pensamientos y un llamado a la superación de la misma. Esta es la mejor salida: pensar y comunicar. Este es el mensaje velado de este nihilista radical.

La desesperación puede llevar a un ser humano a buscar una salida y a no quedarse quieto en la mediocridad confortable. A pesar de saber que nada se resuelve definitivamente, que la duda lo corroe todo, que la muerte es lo único seguro, el filósofo no deja de buscar con toda la pasión de que es capaz. Por eso dice nuestro pensador: "Mientras no nos hallemos reducidos a cenizas, podremos hacer filosofía lírica –una filosofía en la que las ideas tienen raíces tan profundas como la poesía".

Cioran pertenece a la estirpe de pensadores que escriben con sangre, como decía Nietzsche. Su fulgurante escritura brota de esa desesperación inspirada y lúcida, "del punto central de la subjetividad".

Pensando y haciendo

1)   ¿Por qué es este pensador nihilista?

2)   ¿Su visión desesperanzada del mundo nos conduce al suicidio?

3)   ¿Cuáles son los caminos de salida que nos señala al laberinto de existir?

4)   Intenta refutar los principios de su filosofía con argumentos consistentes.

¿Qué piensa Heidegger sobre la tarea del pensar?

 eidegger nos dice en *Serenidad*: *La serenidad ante las cosas y la apertura al misterio van juntas. Ellas nos conceden la posibilidad de permanecer en el mundo de un modo por entero diferente. Ellas prometen un nuevo suelo sobre el que, en medio del mundo técnico, podamos estar y perdurar fuera de peligro... abren la perspectiva de una nueva autoctonía... Por ello hay que salvar esa naturaleza del hombre. Por ello hay que mantener despierta la meditación... Ambas surgen tan sólo de un pensamiento asiduo y vigoroso.* (En *De la experiencia del pensar y otros escritos afines, Presentación y selección de Jorge Acevedo*, Publicaciones de la Universidad de Chile, 1983, pp. 27-28).

Comprensión

Este pensador insiste a lo largo de su obra en la necesidad de mantenernos activos en el pensar auténtico, en la meditación reflexiva y no sólo en el pensamiento calculador aplicado en la técnica.

Este filósofo recurre a los poetas para encontrar el lenguaje adecuado para un pensamiento nuevo. En el mundo tecnificado también el lenguaje se ha degradado, se ha vuelto gris y burocrático, impersonal, mecanizado, pobre. El lenguaje es el pensamiento y por lo mismo, hay carencia de pensar auténtico. Lo que define al hombre actual es la falta de pensamiento, lo que le lleva a claudicar frente a la invasión de una técnica deshumanizada.

Lo que predomina en la actualidad es el cálculo y la inteligencia operacional. "El pensamiento calculador no se detiene nunca, no se para a reflexionar, no es un pensamiento que medite sobre el sentido que impera en todo cuanto existe", no dice Heidegger.

El pensamiento reflexivo es difícil y lento en su desarrollo, por lo que exige paciencia. Tenemos que reflexionar sobre lo que nos rodea aquí y ahora. El pensamiento brota de la tierra en la que nace, y como dice un poeta "lo que el árbol tiene de florido, nace de lo que tiene sepultado". De aquí proviene lo que este filósofo llama "autoctonía", relación con las raíces de una cultura. El hombre actual ha perdido ese contacto con lo profundo y se ha vuelto abstracto. "La pérdida de la autoctonía viene del espíritu de la época en que nos ha tocado nacer".

La técnica ha liberado nuevas energías, pero la falta de pensamiento hace que el mundo se convierta "en una única y gigantesca 'estación de servicio', en fuente de energía para la técnica". En otras obras este autor nos dice que el ser humano debiera ser el "pastor del ser", el que cuida el mundo, pero lo que realmente hace es explotar y expoliar el mundo.

La apertura al misterio corresponde a recordar que no todo se agota en el ente que podemos manipular, pues hay un ser de ese ente que es inutilizable y que nos ofrece una dimensión más profunda del mundo. Además de explotar, podemos contemplar y deleitarnos con la belleza o el misterio del ente. No todo debe ser mercantilizado. Más que una fábrica, el mundo puede ser visto como una flor que se abre o como un jardín que podemos cultivar.

Pensando y haciendo

1) ¿Cómo es la meditación reflexiva y en qué se diferencia del pensar calculador?

2) ¿Cómo es la manera correcta de utilizar la técnica?

3) ¿En qué consiste el sentido oculto de la técnica y que capta la apertura al misterio?

4) ¿Qué tenemos que hacer para desarrollar una actitud nueva y distinta frente a las cosas?

¿Qué piensa Heidegger sobre la serenidad campesina?

 eidegger en *El sendero del campo*, dice: *Este saber amable es la serenidad campesina. No la adquiere quien no la posea. Los que la poseen, la tienen del sendero del campo. Sobre su senda se encuentran la tormenta invernal y el día de la cosecha; el ágil estremecimiento de la primavera y el calmo morir del otoño; se contemplan mutuamente el juego de la juventud y la sabiduría de la vejez. Pero en una sola consonancia, cuyo eco el sendero del campo lleva y trae silenciosamente consigo, todo queda armonizado. La sabia serenidad es un portal hacia lo eterno. Su puerta gira en goznes que han sido alguna vez forjados por un herrero conocedor... Todo habla de la renuncia en lo mismo. Esta renuncia no quita. La renuncia da. Da la inagotable fuerza de lo sencillo. Ese buen consejo hace morar en un largo origen.* (Ibid. pp. 61-62.

Comprensión

En este bello texto poético y filosófico, Heidegger nos entrega su pensamiento más esencial. Los humanos tenemos que volver, si queremos salvarnos, a lo más sencillo que nos rodea y que también está dentro de nosotros.

Son los poetas los que nos señalan ese camino y esa vuelta. El sendero es la poesía misma, el lenguaje más sencillo que, sin embargo, revela el mundo. Es una mirada campesina, cerca de los elementos, del sol y de la luna, del paso de las estaciones, de la vida y de la muerte.

Este pensador nos invita a recuperar la capacidad de asombro que está en el origen de la filosofía y de la poesía. Esto quiere decir la posibilidad de contemplar y de meditar lo que nos rodea. Es la capacidad de admirarnos de todo cuanto sentimos, de "hacer aparecer lo que tiene que decir en todo su esplendor".

La naturaleza tiene muchos secretos y mensajes que apenas hemos empezado a considerar. Sólo hemos pretendido dominar y explotar, a un precio enorme y peligroso. Hemos endurecido nuestro corazón y hemos perdido el norte. El filósofo, siguiendo a los poetas, nos llama a "habitar poéticamente la tierra".

El poeta revela lo que se oculta, aquello que hemos olvidado. Nuestro lenguaje calculador e informativo ha olvidado su misión primordial: decir el ser. Un ejemplo de cómo es el verdadero uso poético del lenguaje nos lo transmite el propio Heidegger en este texto. Deberíamos cambiar nuestra relación con el lenguaje hasta llegar a lo más profundo. El lenguaje es el sendero del campo.

La renuncia no quita, sino que da, es decir, quien pierde gana y quien da se enriquece. Son las paradojas que intuimos en los momentos más lúcidos y que se nos escapan casi siempre. El poeta nos las recuerda.

Pensando y haciendo

1)   ¿Cómo podríamos volvernos poetas?

2)   Describe en lenguaje poético el mundo.

3)   ¿En qué consiste el modo poético de habitar la tierra?

4)   ¿De qué manera se oponen el lenguaje poético y el técnico?

¿Qué es
para Jaspers
la trascendencia?

 aspers, en *Sobre mi filosofía*, dice: *El hombre es ciertamente el ser más interesante que hay para nosotros en el mundo. Nosotros, los que somos hombres, queremos saber qué somos y podemos ser. Pero una constante preocupación por el hombre provoca el tedio. Es como si con ello fuera descuidado lo esencial. Pues el hombre no puede ser concebido desde sí mismo, y en la representación del ser del hombre se muestra lo otro, por virtud de lo cual el hombre es. Esto es para el hombre, en cuanto existencia posible, la trascendencia. Pero mientras que el hombre es una realidad intuible en el mundo, la trascendencia no está ahí, tampoco es investigable. Su ser mismo es dudoso. Y, sin embargo, toda filosofía está dirigida a la finalidad de cerciorarse de la trascendencia.* (En *Marías*, vol. 3. op. cit. p. 521).

Comprensión

El ser humano está abierto a lo que lo rebasa, a lo envolvente, al Ser. La trascendencia no puede ser tematizada como cualquier ente mundano, pues es aquello que escapa a esa categorización. Es como la línea del horizonte, si voy tras ella, siempre se me escapará.

La trascendencia es incognoscible y supera todo ente finito, como un cierto resplandor que no puede ser detectado como foco. Si me aferro al *dentro* y me cierro al *fuera* me limito al dominio del ente, me olvido del Ser, quedo atrapado en el tiempo, ciego para la eternidad.

La trascendencia es aquello que el ser humano ha buscado siempre en la religión y en la filosofía. Es lo uno tras lo múltiple, el fundamento inconcuso, el Bien, Dios... Para muchos filósofos fue la gran ilusión, algo de lo que debíamos desprendernos si queríamos ganar en salud.

El ser trascendente permanece en la oscuridad, se oculta, es misterio y no podemos reducirlo a ninguna de sus figuras o máscaras. Así como del *Apeiron* de Anaximandro emergen los entes para, después del ciclo de la existencia, regresar al mismo infinito, así cada ente brota del ser trascendente. Ningún ente finito, ni la suma de todos ellos, nos entrega el ser. "Pero el Ser está sin cerrar para nosotros y el horizonte es infinito. Nos atrae hacia todos los lados en lo ilimitado".

Esta trascendencia nos hace caminar "a pie hacia el infinito" y es el destino del ser humano. Si no nos abrimos a la trascendencia quedamos atrapados en el ente finito, entre las cosas y nos cerramos a una dimensión posible para nosotros.

El movimiento por el cual nos lanzamos hacia lo desconocido e infinito no es otro que el de la razón y, por lo mismo, no es nada extraño y sobrenatural. "Se trata de que nuestra vida está dirigida por una incondicionalidad, de la cual solamente brota la *resolución*. Por virtud de la resolución la existencia se hace real, la vida toma forma y se convierte en la acción interior que nos exalta y aclara. Fundado en la resolución, el amor ya no es una pasión que se mueve inciertamente, sino la plenitud a la que únicamente se muestra el verdadero Ser".

Pensando y haciendo

1)   ¿Qué pasa si no hacemos caso de lo trascendente?

2)   ¿Por qué no es posible conocer el Ser?

3)   En qué se diferencia la razón del entendimiento?

4)   ¿Por qué surge lo trascendente para el existente?

¿Qué piensa Comte-Sponville sobre la felicidad?

 os dice Comte-Sponville en *La felicidad, desesperadamente: Toda sabiduría es de alegría; toda alegría es alegría de amar... Alegrarse de lo que es, mejor que entristecerse (o alegrarse solamente de forma inconstante) de lo que no es. Amar, antes que esperar o temer. La beatitud... es ese amor inesperado y verdadero –por lo tanto, eterno: la verdad siempre lo es– de lo real que conozco. Es el amor verdadero de lo verdadero.* (Paidós, Barcelona, 2000, pp. 66-67).

Comprensión

Este pensador francés resucita la vieja cuestión griega, la que ve la filosofía como búsqueda de la felicidad, de una buena vida. Sigue a Epicuro en ver la filosofía como la "actividad que, mediante discursos y razones, nos procura la vida feliz".

Esta felicidad que ofrece la filosofía se obtiene mediante una relación con la verdad, es una felicidad que nace de la verdad. Se trata de compaginar lucidez y felicidad, y de ese modo nos alejamos de las ilusiones y mentiras que suelen contaminar este tema. La felicidad a través de la verdad.

Para conseguir la felicidad es preciso superar el estado de continua espera que nos caracteriza y sus consecuencias inmediatas que son el miedo y la decepción. No se trata de desear lo que no se tiene, sino lo que tenemos y lo que hacemos y la consecuencia es el placer y la alegría. El deseo no es la esperanza, es el goce del presente.

La felicidad en acto es el acto mismo como felicidad, lo contrario de la esperanza, que es desear sin gozar. La esperanza se refiere al futuro incierto, a lo que no depende de nosotros y a lo que no sabemos ni podemos. Hay que superar la esperanza por el querer en acto y con certidumbre. La esperanza va siempre acompañada de temor a que no se consiga lo deseado.

"Lo contrario de esperar no es temer; el contrario de esperar es saber, poder y gozar" y en esto consiste la felicidad. Por eso este autor nos quiere enseñar una *gaya desesperación* o sabiduría de la no esperanza. Aprender a ser feliz con lo que tenemos aquí y ahora. Quien se libra de la esperanza y del temor se predispone a la felicidad y al amor. El amor es el poder de gozar el presente.

Esta sabiduría de la alegría no es fácil debido a los hábitos de esperanza y de tristeza en los que hemos sido educados. Hace falta un arduo proceso de desaprendizaje que nos permita acceder al presente pleno, más allá de la nostalgia del pasado y de la esperanza temerosa del futuro.

La consecuencia de esta actitud amorosa es la alegría y la actividad. Es un punto de partida afirmativo de la fuerza que somos y de su despliegue. Es la aceptación serena y jubilosa de lo que somos.

Pensando y haciendo

1) Busca ejemplos de tu vida en los que se vea que vives bajo el temor y la esperanza.

2) ¿Cómo es posible comenzar a valorar lo que se tiene en el presente? Exprésalo con tareas concretas.

3) ¿Qué quiere decir la expresión "gaya desesperanza"? Explícalo con tus palabras.

4) Imagina cómo sería tu vida si aplicaras las ideas de este autor y descríbela.

¿Qué piensa Buber del encuentro humano?

artín Buber, en *¿Qué es el hombre?*, nos dice: *El encuentro del hombre consigo mismo, sólo posible y, al mismo tiempo, inevitable, una vez acabado el reinado de la imaginación y de la ilusión, no podrá verificarse sino como encuentro del individuo con sus compañeros, y tendrá que realizarse así. Únicamente cuando el individuo reconozca al otro en toda su alteridad como se reconoce a sí mismo, como hombre, y marche desde este reconocimiento a penetrar en el otro, habrá quebrantado su soledad en un encuentro riguroso y transformador... Más allá de lo subjetivo, más acá de lo objetivo, en el "filo agudo" en el que el "yo" y el "tú" se encuentran se halla el ámbito del "entre".* (Fondo de Cultura Económica, México, 1997, pp. 144-149).

Comprensión

En este bello texto nos dice su autor que el ser humano no es un individuo aislado, una isla, sino una persona abierta a su comunidad e inserta en ella. Por lo mismo, los dos extremos, el individualismo y el colectivismo, deben ser superados. Ese punto intermedio lo representa la persona en comunidad.

La realización personal no es posible al margen de la comunidad en la que se encuentra. Ortega decía que yo soy yo y mi circunstancia y que si quiero salvarme debo hacerlo junto a mi circunstancia. Por lo tanto, debemos abrirnos a los demás y comprometernos con sus problemas.

Este aspecto de la realización personal es el más difícil e importante, pues significa que hemos superado el primer momento, el egoísta, de nuestra formación y que nos abrimos a ese "nosotros" que nos supera y envuelve. Es importante comprender que el encuentro con uno mismo pasa por ese salir de nosotros hacia el otro.

El autor nos habla de encuentro riguroso, es decir verdadero, y transformador, pues nos revoluciona completamente, nos hace pasar de una vida centrada en nuestro pequeño yo a otra en la que la comunidad, el nosotros, posee la preponderancia. La mayoría de los humanos no supera este primer estadio, por lo mismo, ficticio, como si no pudieran ver más allá de sí mismos.

El gran peligro es pasar de un extremo al otro y caer así en el colectivismo, en el que no hay personas, sino el imperio terrorífico de la masa. Aquí tampoco hay auténtica alteridad ni relación personal, sino sólo una disolución en lo impersonal.

Buber piensa que hoy se da un "anhelo de la comunidad" por parte de muchas personas que han constatado el fracaso de los "ismos" opuestos. "El hombre con el hombre", el "entre", es una realidad ideal, en parte futura con signos alentadores en el presente. "En la angustia mortal de un refugio contra bombardeos, las miradas de dos desconocidos tropiezan unos instantes, en una reciprocidad como sorprendida y sin enganche... En la sala a oscuras, se establece entre dos oyentes desconocidos, impresionados por la misma pureza y la misma intensidad por una melodía de Mozart, una relación apenas perceptible..." Lo que aquí acontece es algo óntico, es ese "entre" que está más allá del yo y del tú.

Pensando y haciendo

1)   ¿Has experimentado alguna vez ese "entre" del que habla Buber? Descríbelo con tus palabras.

2)   ¿Por qué no podremos autorrealizarnos solos?

3)   ¿Qué tendrías que hacer tú para superar el individualismo y el colectivismo?

4)   Describe tu circunstancia y señala una manera de comprometerte con su problemática.

¿Qué piensa María Zambrano sobre la razón poética?

aría Zambrano, en *Filosofía y poesía*, nos dice: *Vagabunda y errante, la poesía pasó largos siglos. Y hoy mismo apena y angustia el contemplar su limitada fecundidad, porque la poesía nació para ser la sal de la tierra y grandes regiones de la tierra no la reciben todavía. La verdad quieta, hermética, todavía no la recibe.* (Fondo de Cultura Económica, México, 1987, p. 25).

Comprensión

Esta pensadora es una de las más originales y creativas del panorama filosófico hispano. Discípula de Ortega y de Unamuno, consigue reunirlos en una síntesis que es mucho más que la suma de los dos. Crea un estilo propio, que no es poco decir. Además, en su obra, se dan cita la filosofía y la poesía en lo que llamaremos "razón poética".

Su discurso brota de las entrañas, no de la superficie del cerebro y por eso nos conmueve con fuerza especial, no muy frecuente en los filósofos. Su voz proviene del fondo del alma, que no es distinto del cuerpo y que no se reduce a simple materia. Consciente e inconsciente, Apolo y Dionisos, están mezclados y se interfecundan.

En medio de una tradición intelectualista que ha menospreciado la sensibilidad, lo emocional-afectivo y lo corpóreo en general, el arte ha sufrido una marginación respecto de la ciencia y de la filosofía. Por eso Platón quemó sus dibujos y poemas juveniles y expulsó a los poetas de su Ciudad ideal. La reivindicación de la poesía y del arte que hace María Zambrano en este texto va contra toda esa tradición.

La razón analítica, la que predomina en la ciencia occidental, tiene como principal objetivo el control, la manipulación y la explotación del mundo. Hay, pues, una cierta violencia en ella, la que conduce a la destrucción del objeto. La poesía, por el contrario, contempla el mundo atenta a su belleza más que a su utilidad. Ve el mundo más como una flor de loto que se abre, que como una gran explosión.

La poesía puede darle a la filosofía un complemento indispensable para ver eso que, según el principito de Saint-Exupery, es invisible a los ojos, pero no al corazón: lo esencial. La esencia la hemos intuido alguna vez litúrgica o metafísicamente, pero la hemos olvidado y reprimido para dar paso a "un infierno conceptual".

Lo real es enigmático y la mejor expresión de esa realidad tiene que incluir el enigma y la aporía. "El camino más adecuado, lo que el hombre necesita, es un lugar que sea "otro" pero del que se pueda salir para volverse a "lo mismo", es decir, estar abiertos a lo otro, pero sin hundirse en ello, jugando en esa franja intermedia, en ese claroscuro del bosque.

Si conseguimos desarrollar esta creatividad del corazón y recuperar los territorios olvidados del alma podremos hacer un mundo mejor, no tan agresivo y cruel, tan avasallador, más humano. La poesía es mucho más que versos escritos sobre un papel, es una forma de mirar y de vivir en la que se integran los opuestos, hoy escindidos. La poesía tiene como tarea "salvar al hombre".

A veces son situaciones extremas, como la pérdida de un amor, el exilio, el fracaso o una enfermedad, las que nos abren los ojos para lo más importante. Debemos aprovechar estas crisis para renacer. Por eso dijo esta genial pensadora: "en el fracaso aparece la máxima medida del hombre, lo que el hombre tiene de desprendido de todo mecanismo, de toda fatalidad y que nada puede quitársele".

La poesía nos hará volver a la auténtica medida humana, superando la desmesura que hoy nos extravía y nos hace expoliar el mundo. Nos hará abrirnos a lo sagrado, al sueño creador, a los "filos de luminosidad", a otros "medios de visibilidad", a las "entrañas lúcidas".

Pensando y haciendo

1)   ¿Cuál es el papel de la poesía en la filosofía y en el mundo?
2)   Da ejemplos de tu vida en los que aparezca la razón poética.

¿Qué piensa Simone Weil sobre el trabajo?

a pensadora Simone Weil, nos dice en *La condition ouvrière*, a propósito del trabajo: *El tiempo y el ritmo son el factor más importante del problema obrero. Ciertamente el trabajo no es un juego; que en el trabajo haya monotonía y tedio es a la vez inevitable y conveniente; por otra parte, no hay nada grande en esta tierra, en ningún dominio, sin una parte de monotonía y tedio. Hay más monotonía en una misa en canto gregoriano o en un concierto de Bach que en una opereta. Este mundo en el que hemos caído existe realmente; somos realmente carne; hemos sido expulsados de la eternidad y debemos realmente atravesar el tiempo con esfuerzo, minuto tras minuto. Este esfuerzo es nuestra suerte* (partage)*, y la monotonía del trabajo es una de sus formas. Pero no es menos verdad que nuestro pensamiento está hecho para dominar el tiempo y esta vocación ha de ser preservada intacta en todo ser humano.* (En Revilla, C., Simone Weil: *nombrar la experiencia*, Trotta, Madrid, 2003, pp. 114-115).

Comprensión

Esta original pensadora francesa conoció personalmente la dureza del trabajo manual, en el campo y en la fábrica. No lo hizo por simple curiosidad ni por masoquismo, sino porque pensaba que el trabajo manual era la forma más cabal de ser humano, de experimentar el tiempo y de entrar en contacto con la realidad.

Gran admiradora del mundo griego, los trágicos y Platón fueron sus maestros predilectos. De ellos aprendió que la medida es algo esencial de la belleza espiritual y que para alcanzarla se requiere de un enorme esfuerzo. De Esquilo admiraba es frase que dice: "al conocimiento por el dolor".

En este párrafo nos recuerda que cierta dosis de tedio y de monotonía, de esfuerzo, son infaltables en la consecución de algo importante, bello y grande. Hace falta vencer la pereza y el abandono que la materia impone como resistencia al espíritu. El trabajo, en cualesquiera de sus formas, es esa disciplina que produce algo espiritual a partir de una materia bruta.

El tiempo fue otra de las preocupaciones de esta mujer extraordinaria. La auténtica patria del ser humano es la eternidad, por su participación en lo divino, y la vida temporal-material es una especie de exilio. Recuperamos nuestra más auténtica naturaleza en esos raros momentos de espiritualidad en los que rozamos lo eterno, como en el arte, en la ciencia o en la religión auténticamente vivida.

En la historia humana rige y ha regido el poder, la fuerza que busca imponerse al margen de toda razón. Pero hay algo en la humanidad que se rebela contra este imperio, y ese algo es lo espiritual, en cualesquiera de sus manifestaciones que, eso sí, van siempre acompañadas de belleza. La verdadera política tendría que buscar el desarrollo de esos gérmenes de espiritualidad, de lo que se opone a la pesadez, es decir, la gracia.

Pensando y haciendo

1)   ¿Por qué el tedio y la monotonía son indispensables para crear algo grande? Responde con ejemplos de tu vida.

2)   ¿En qué consistirá la vocación humana de dominar el tiempo?

Domingo Araya

Nace en Santiago de Chile, en 1949. En 1967 inicia estudios de Filosofía en la Universidad Católica de Chile. En 1968 viaja a París, donde realiza estudios de Lengua y Civilización Francesa. Trabaja en diversos oficios. En 1969 regresa a su país y continúa sus estudios de Filosofía. Se inicia como profesor en el colegio Saint George. En 1972 viaja a Bélgica, donde realiza estudios de postgrado en la Universidad Libre de Bruselas. En 1974 se establece en Bogotá como profesor en la Universidad Distrital "F. J. de Caldas", en la Libre y en la San Buenaventura. En 1979 va a España, donde residirá hasta el 2000. Obtiene la licenciatura en la Universidad Autónoma de Madrid y el doctorado en la del País Vasco. Enseña en centros públicos de Bachillerato y en la Universidad de Deusto y del País Vasco. Durante los años 1984-85 vuelve a Chile y enseña en la Universidad de Santiago. Desde el 2000 vive en Bogotá y enseña en el Centro Cultural y Educativo Español "Reyes Católicos". Ha publicado numerosos artículos en revistas y periódicos de España, Chile y Colombia y es autor de tres libros en la Editorial Magisterio de Colombia.